KB265783

한국의 다리

사랑을 잇고 사람을 잇다

국립중앙도서관 출판시도서목록(CIP)

한국의 다리 : 사랑을 잇고 사람을 잇다 / 손종흠 〔지음〕. — 서울 :
한국방송통신대학교출판부, 2008
  p. ;   cm. — 〔아로리총서 ; 1 – 우리 역사와 문화1〕

ISBN 978-89-20-92821-5 04080 : ₩5900
ISBN 978-89-20-92820-8(세트)

문화 유적〔文化遺蹟〕
다리(교량)〔橋〕

981.102-KDC4
915.19-DDC21   CIP2008003464

한국의 다리

사랑을 잇고 사람을 잇다

ⓒ 손종흠, 2008

2008년 12월 1일 초판 1쇄 펴냄

지은이 | 손종흠
펴낸이 | 장시원

편집 | 장웅수
표지 및 본문 디자인 | 보빙사
인쇄 | 신흥 P&P(주)

펴낸곳 | (사)한국방송통신대학교출판부
등록 1982년 6월 7일 제 1-491호
주소 서울특별시 종로구 이화동 57번지 (우)110-500
전화 (02)3668-4764
팩스 (02)741-4570
홈페이지 http://press.knou.ac.kr

〈지식의 날개〉는 한국방송통신대학교출판부의
교양도서 브랜드입니다.

한국의 다리

사랑을 잇고 사람을 잇다

손 종 흠

지식의날개

인류의 삶은 길을 따라 통하고,
그 길에는 다리가 있다

땅을 밟고 살아갈 운명을 가진 인류에게 있어서 길은 모든 것을 통하도록 하는 도구라 하겠다. 노동행위로부터 시작한 인류의 삶이 공동체 생활을 하면서 만들어낸 문화와 문명은 모두 길을 따라 전파되었다. 이러한 성격을 지니는 길이 '소통'이라는 핵심적인 기능을 효율적으로 수행하기 위해서는 최대한 많은 지역으로 연결되면서 못 가는 곳이 없을 정도로 널리 뻗어 있어야 할 필요가 있었다. 많은 지역으로 연결되면 연결될수록 더욱 다양한 공간으로 문명과 문화를 전파할 수 있고, 길이가 길면 길수록 보내려고 하는 것을 더욱 먼 곳까지 보낼 수 있기 때문이다.

그런데, 인류의 생활에 없어서는 안 될 정도로 중요한 의미를 지니는 길이지만 치명적인 한계를 안겨주는 것이 있으니 그것은 바로 물이다. 물은 길과 마찬가지로 땅 위로 흐르기 때문에 한 지역과 다른 지역을 갈라 경계를 만들면서 인류의 삶도 갈라놓는 구실을 한다. 물이 인류의 삶과 지역을 갈라놓는 근본 이유는 길을 끊어놓음으로써 소통을 방해하는 데서 찾을 수 있다. 길에게 치명적인 제약으로 작용하는 물이라는 한계를 극복하기 위해 인류가 개발한 것이 바로 다리였다. 다리는 물로 인해 끊어져 제구실을 하지 못하는 길이 원래의 기능을 올바르게 수행할 수 있도록 하는 존재기 때문에 물 위에 난 길이면서 땅의 길을 잇는 구실을 기본으로 한다. 이쪽의 길과 저쪽의 길을 이어주는 다리로 인해 인류는 오랜 세월에 걸쳐 다채로운 문명과 문화를 더 넓은 지역으로 소통시킬 수 있었으니 우리의 삶에서 다리가 가지는 의미는 실로 엄청나다고 할 것이다.

인류의 문명사와 문화사에서 다리(橋)는 크게 두 가지 의미를 가지는 것으로 보인다. 하나는 물을 건너게 하여 길과 길을 잇게 함으로써 사람과 물자의 교통을 원활하게 해주는 구실을 하는 문명의 구조물이라는 의미다. 그리고 다른 하나는 인류의 삶 속에서 관계를 통해 형성되는 정서의 결정체인 문화의 대상화물이라는 의미가 그것이다.

문명의 구조물이라는 측면에서 보는 다리에는 인간의 정서가 개입될 여지가 전혀 없기 때문에 물리적인 소통만이 강조되면서 물질의 집합체라는 의미 이상의 어떤 것을 기대하기 어렵다. 그러므로 문명의 구조물로서의 다리는 그것이 지닌 물리적인 수명이 다하면 사라져버리고 말 운명을 안고 있다. 따라서 물리적 의미의 다리는 시간의 흐름과 기술의 발달에 따라 새로운 형태의 다리로 대체될 수밖에 없기 때문에 그 형태를 유지하기가 어렵다. 그러나 물질의 집합체에 지나지 않는 차가운 다리에다 인류의 삶 속에서 형성된 문화의 옷을 입히게 되면 그것은 우리의 삶 속에 살아 움직이는 유기체처럼 되어 오랜 세월 동안 사라지지 않고 문명적 형태와 문화적 가치를 함께 간직한 문화유적이 된다.

한반도를 토대로 하여 오랜 역사를 지니고 있는 우리 민족은 생활환경이 되는 우주의 모든 존재들을 문화적 아름다움과 가치를 지니는 것으로 만들어 놓았다. 소통의 도구면서 문명의 구조물에 지나지 않던 수많은 다리들에도 피와 살이 되는 문화의 옷을 입힘으로써 생활 속에 살아있으면서도 오랜 세월 동안 사라지지 않는 존재로의 변환을 이루어냈던 것이다.

우리 선조들이 남긴 다리 중 현재까지도 문화적으로 중요한 가치를 지니고 있는 것들을 유형별로 보면, 첫째, 사랑의 옷을 입혀 남자와 여자를 잇는 형태, 둘째, 이상(理想)의 옷을 입혀 선계(仙界)와 속계(俗界)를 잇는 형태, 셋째, 사람을 아끼고 배려하는 정(情)의 옷을 입혀 사람과 사람을 잇는 형태, 넷째, 효(孝)의 옷을 입혀서 부모와 자식을 잇는 형태, 다섯째, 시간의 옷을 입혀서 과거와 현재를 잇는 형태 등으로 나눌 수 있다.

원효스님과 요석공주의 사랑을 간직한 경주의 문천교, 성춘향과 이몽룡의 사랑을 이어준 남원의 오작교, 머슴총각과 주인집 딸의 사랑으로 인해 생겨난 병영의 홍교 등이 첫 번째 유형에 들어가고, 임금이 계시는 곳과 속인이 사는 곳을 구분하는 경계가 되는 궁궐과 왕릉의 금천교, 승계와 속계의 경계가 되는 순천의 승선교, 백성과 왕궁을 이어주는 한양의 수표교 등은 두 번째 유형에 속한다. 또한 속인과 승려를 이어주는 고막석교, 사람과의 문화적 소통을 위한 보길도의 굴뚝다리, 죽은 사람과 산 사람을 이어주는 강경의 미내다리 등은 세 번째 유형에 넣을 수 있으며, 살아있는 어미에게 는 효가 되지만 죽은 아비에게는 불효가 되는 순흥의 청다리, 부모 를 위해 자식이 놓았다는 용대리의 돌다리, 정조의 효심이 서려 있 는 안양의 만안교, 세종의 효심으로 만들기 시작한 살곶이다리 등 은 부모와 자식을 잇는 효의 범주에 들어가는 다리가 될 것이다. 고려 무인 집안의 흥망성쇠를 간직한 진천의 농다리, 고려 멸망의 사연을 남긴 개성의 선죽교와 좌견교, 백제 멸망의 한을 새겨 넣은 부여의 사근다리, 단종의 설움을 달래기 위한 주천의 섶다리 등은 과거와 현재를 이어주는 역사적인 다리가 될 것이다.

이제부터 우리는 다리가 지니는 성격 중 문명적이고 물리적인 측면보다는 문화적이고 정서적인 측면에 초점을 맞추어서 살펴본 다. 그를 통해 우리의 주변에 흔히 있는 것이면서도 그 의미와 가 치를 잘 알지 못했던 문화적 가치를 지닌 다리들에 대해 편하게 읽 고 쉽게 이해할 수 있을 것이다. 그런 의미에서 볼 때, 읽는 이에 따라서는 이 책을 일정한 주제가 있는 테마기행의 지침서로도 유 용하게 활용할 수 있을 것이다.

마지막으로 이 책이 나오기까지 자료의 수집과 원고의 교정 등 에 노고를 아끼지 않은 박경희 님께 심심한 감사의 말씀을 드린다.

2008년 11월 죽계서실에서, 손종흠

차 례

시작하며 **인류의 삶은 길을 따라 통하고, 그 길에는 다리가 있다**　4

chapter 1

남녀의 사랑을 잇다

원효와 요석공주의 사랑을 이어준 문천교　12
춘향의 사랑이 서려 있는 오작교　21
신분을 초월한 사랑이 깃든 배전각홍교　29

chapter 2

세상과 세상을 잇다

사람과 신의 세계를 잇는 왕릉의 금천교　40
승계와 속계를 잇고 나누는 승선교　47
왕이 계신 곳을 지키는 궁궐의 금천교　54
서울의 치수를 위한 다리, 수표교　61

chapter 3

사람과 사람을 잇다

염라대왕도 알고 있는 미내다리　72
고산 윤선도와 보길도 굴뚝다리　80
700년을 견뎌온 함평 고막천 돌다리　90

chapter4

부모와 자식을 잇다

다리 밑에서 아이 주워 왔다는 청다리　　　　　　　　　98
세종과 성종의 효심이 서려 있는 살곶이다리　　　　　106
정조의 효심이 서려 있는 만안교　　　　　　　　　　115
전국적으로 분포하는 효자 다리　　　　　　　　　　　123

chapter5

과거와 현재를 잇다

고려의 운명을 바꾼 좌견교와 선죽교　　　　　　　　132
백제 멸망의 한을 간직한 사근다리　　　　　　　　　142
축제로 부활한 주천의 쌍섶다리　　　　　　　　　　148
우주의 모양을 본뜬 진천의 농다리　　　　　　　　　157

남녀의 사랑을 잇다

남녀의 사랑을 잇다

원효와 요석공주의 사랑을 이어준 문천교

우리나라의 남동쪽에 위치한 경주는 신라의 왕궁인 월성(月城)을 비롯한 수많은 유적들이 즐비하게 남아 있는 찬란한 문화유산의 보고다. 주변보다 약간 높은 곳에 위치한 월성의 북쪽에는 넓디넓은 벌판이 펼쳐져 있고, 남쪽으로는 성 바로 아래에 강이 흐른다. 그 건너에는 불교 성지인 남산이 있어서 왕궁이 들어서기에 최적의 장소다. 월성의 남쪽에는 문천(蚊川)이 흐르고 있는데, 경덕왕 때에 이곳을 건너는 몇 개의 다리를 건설한 기록이 남아 있다. 문천에는 여러 개의 다리가 놓여 있는데, 가장 오래된 것으로 추정되는 문천교(蚊川橋), 그 뒤에 국가가 나서서 놓은 춘양교(春陽橋)와 월정교(月淨橋)가 그것이다.

느릅나무다리라는 뜻을 지닌 문천교는 유교(楡橋)라고도 불린다. 당시 신라 최고의 학승이면서 왕실과 지배층이 중심을 이루었던 귀족불교에 맞서 불교의 민중화를 주도한 원효와 태종무열왕의 둘째 딸인 요석공주의 애틋한 사랑이 이 다리에 깃들어 있다. 문천교는 문화사적으로 매우 중요한 의미를 지니고 있다. 지금은 사라지고 없는 문천교는 월성의 서남쪽 바로 아래에 있는 월정교보다 약간 하류 쪽에 있었는데, 문천을 북에서 남으로 건너는 다리였다. 그리고 이 다리의 북쪽에는 요석공주가 사는 요석궁이 있었다. 이처럼 문천교는 왕궁인 월성의 남쪽에 있으면서 성스러운 산으로 인식되었던 남산으로 통하는 중요한 교통로였던 것이다.

『삼국유사』에 의하면 원효가 남산에서 내려와 문천을 건너다가 물에 빠졌다고 하는데, 그 물에 놓인 다리가 바로 문천교였다. 이 사실을 통해 문천교와 남산의 관계를 짐작할 수 있으며, 이 다리의 중요성을 알 수 있다. 그러나 문천교는 화려하고 큰 월정교가 바로 위쪽에 놓이면서 그 기능을 상실한 것으로 추정된다. 이 다리가 언제까지 존속했는지에 대해서는 별다른 기록이 없어서 알 수 없지만 월정교가 만들어지고 남아 있는 기록으로 미루어볼 때 신라 중·후기까지는 나무로 만든 문천교가 존재했을 것으로 추측된다. 지금도 다리가 놓였던 흔적이 남아 있다.

경주시는 최근 춘양교와 월정교의 복원 계획을 발표하면서 문천교도 유적의 지정 범위에 포함시켰다. 국가의 입장에서 볼 때 월정교는 민간에서 놓은 다리인 문천교를 대신하는 것으로 신라 때부터 고려, 조선시대에 이르기까지 매우 중요한 의미를 지닌 곳이었다. 이 다리에 어떤 이야기가 있는지 알아보자.

경주시에서 실시한 발굴 조사 보고서에 따르면 이 다리는 길이 63m, 너비 12m, 높이 5m에 교각 사이가 13m로 되어 있으며, 다리의 하부는 돌로 되어 있고, 상판은 회랑 형태의 건물을 올리고, 그 위에 누각을 올린 것으로 추정된다. 월정교는 춘양교와 더불어 신라 경덕왕 19년(760)에 놓았는데, 당시 신라는 태평성대가 오래 이어져 문물은 풍부했지만, 나라의 운명은 어느새 쇠퇴의 길로 접어들기 시작한 때였다.

　그러자 경덕왕은 나라를 안정시키고 백성을 편안하게 하기 위해 월성의 서쪽 성문인 귀정문(歸正門) 위에서 스님에게 노래를 짓도록 했는데, 이때 노래를 지은 스님이 바로 향가 「안민가(安民歌)」를 지은 충담이다. 충담은 3월 3일을 맞아 남산에 올라 부처님에게 차를 드리고 오던 중, 귀정문 앞에서 경덕왕에게 불려간 것으로 보아 월정교를 건너지 않았을까 싶다. 왕궁은 정치의 중심인 왕이 있는 곳이고, 남산은 불교 성지로 부처님이 계신 곳이니 월정교는 정치와 종교를 이어주는 가교 구실을 했을 것이므로 문화적으로 매우 의미 있는 다리인 것이다. 따라서 승려인 원효가 이곳에서 물에 빠져 왕실 사람인 요석공주와 인연을 맺은 것도 같은 맥락에서 이해할 수 있다.

　이러한 성격을 지니는 월정교는 불교를 숭상했던 신라시대와 고려시대는 물론 조선시대까지도 문화적으로 중요한 의미를 지녔다. 신라시대에 「동경곡(東京曲)」이라는 노래가 있었는데, 이 노래는 오랫동안 나라가 태평하고 정치가 순조롭고 아름다워서 신령스럽고 상서로운 일이 자주 벌어져 귀신까지 감동시킨 것을 찬미한 것이다. 이 노래에도 월정교가 등장한다.

태평성대 오래되어 정치가 순후하니, 영험하고 상서로움이 거듭되어 귀신을 감동시키도다. 월정교 위에는 흰 구름이 둥실 떠가고, 지체 높은 이에서 낮은 백성들까지 모두 화기애애하도다. (昇平日久政治淳 靈瑞重重感鬼神 月精橋畔白雲渡 卑悅其尊君悅臣)

　이처럼 월정교는 신라 문화를 토대로 정치의 중심인 왕실과 종교의 중심인 남산을 잇는 문화적 상징물이었다. 이러한 성격을 지

닌 월정교는 고려 충렬왕 6년(1280)에 중수되었는데, 520년 이상
존속되었다가 조선시대에 교량의 형태가 사라지고 말았다.

그렇다면 이처럼 중요한 의미를 지니는 월정교가 만들어지기
이전까지 그 기능을 담당했을 것으로 보이는 문천교에는 원효와
요석공주의 어떤 사연이 담겨 있을까? 이것을 알아보기 위해서는
먼저 원효의 행적을 살펴볼 필요가 있다.

원효는 신라 진평왕 39년(617)에 태어나 신문왕 6년(686)에 세
상을 떠난 승려다. 출가하기 전 속세에서의 성은 설(薛) 씨였고,
원효는 법명이다. 『삼국유사』에 의하면 원효의 할아버지는 지금
의 경상북도 경산군인 압량군에 사는 잉피공이고, 아버지는 담날
(談捺)이다. 원효는 압량군의 남쪽이며, 불지촌 혹은 발지촌의 북
쪽인 율곡에 있는 사라수 아래에서 태어났다. 그의 집은 원래 율
곡의 서남쪽에 있었는데, 어머니가 원효를 가질 때 유성이 품속으
로 들어오는 태몽을 꾸었고, 만삭이 되었을 때 율곡의 밤나무 밑
을 지나다가 갑자기 복통을 일으켰다. 너무나 급한 나머지 원효의
어머니는 집으로 돌아가지 못하고 남편의 옷을 나무에 걸고 그 나
무 아래에서 아이를 낳았다. 이때 오색구름이 땅을 덮었다고 한
다. 훗날 원효를 낳은 나무라고 하여 이 나무를 사라수라고 하였
는데, 그 밤나무의 열매가 유별나게 커서 고려시대까지도 사라율
(裟羅栗)이라고 부르며 특산물로 취급했다.

원효는 장성한 뒤에 출가하여 이 나무 아래에 절을 세우고 사라
사라고 이름 지었다. 이 사찰이 성행했을 때 절의 노비들에게 저
녁끼니로 밤 두 알씩을 주니 노비들이 승려들을 관아에 발고했다.
그래서 관리가 그 밤을 가져다 조사해보았더니 밤 하나가 한 바리
에 가득 찰 정도로 컸으므로, 두 개씩 주지 말고 한 개씩 주도록

판결을 내렸다고 한다.

『송고승전(宋高僧傳)』에 의하면 원효는 10세 무렵에 출가해 불도의 길을 밟았다고 되어 있으나, 그의 젊은 시절의 행적에 대해서는 자세한 기록이 없어서 정확한 것을 알 수는 없다. 하지만 대략 29세 정도의 나이에 황룡사에서 출가한 것으로 보인다. 출가한 뒤에는 자신이 태어난 집을 헐어서 사찰을 짓고 초개사라고 했는데, 34세가 되던 해인 651년에는 평소 친분이 있었던 의상과 함께 당나라로 들어가 불교 공부를 하려고 했다. 그러나 국경을 넘지 못하고 고구려 군사들에게 잡혀 첩자로 오인되어 수십 일 동안 감금당했다가 풀려나서 신라로 돌아왔다. 이것이 그가 실패한 첫 번째 유학이었다.

중국에 가서 선진 불교를 익혀 보려던 꿈을 접은 그는 수도와 공부 그리고 설법 등에 모든 힘을 쏟았는데, 그로부터 10년이 지난 661년에 다시 의상과 함께 당나라 유학을 시도했다. 이때 그의 나이는 이미 45세를 넘기고 있었다. 당나라로 가는 배를 기다리면서 서해안 어느 동굴 속에 머물던 원효는 한밤중에 목이 말라 잠에서 깨어나 바가지 같은 것에 담긴 물을 먹고 다시 잠들었다. 다음 날 아침, 원효는 어젯밤 자신이 마신 물이 해골에 고인 것이었다는 사실을 알게 되었다. 전날 먹었던 모든 음식을 토해버린 그는 그 순간 깨달음을 얻었고, 당나라에 가겠다는 의상과 헤어져 신라로 돌아왔다.

그 후 원효는 딱딱한 불법과 계율만을 중시하는 차원을 벗어나 무엇에도 구애받지 않고 자유로운 승려로 활동하게 되는데, 당시 신라는 이미 불교가 상당히 성행한 때라 득도해 깨달음을 얻은 고승들이 여럿 있었다. 원효가 해골바가지의 물을 마시고 깨달음을 얻었다는 것은 바로 이런 고승들과 어깨를 나란히 할 수 있었다는 것을 의미한다.

그러던 어느 봄날이었다. 날씨도 따뜻한 데다 온 산과 들에는 겨우내 움츠렸던 생명들이 소생하느라 힘찬 기운을 뿜냈고 온갖 동물들은 짝짓기에 여념이 없었으니, 우주의 한 부분을 이루고 있는 인간인 원효도 춘심이 발동하지 않을 리 없었다. 봄과 함께 달아오른 춘심을 견디지 못한 원효는 갑자기 거리를 돌아다니면서 큰 소리로 노래를 불렀다. 거리의 사람들 중 그 뜻을 아는 사람은 아무도 없었는데, 그 노래는 다음과 같았다.

"누가 나에게 자루 없는 도끼를 빌려주겠는가? 내가 하늘을 괼 기둥을 깎으리로다(誰許沒柯斧 我斫支天柱)."

이 노래에서 '몰가부(沒柯斧)'는 '자루가 없는 도끼'란 뜻이니 바로 임자 없이 홀로 사는 여인을 의미한다. 그리고 '아작(我斫)'은 '내가 깎겠다'는 뜻이니 자식을 낳고 싶다는 말이 된다. 또한 '천주(天柱)'는 '하늘 기둥'이니 훌륭한 인물을 말하는 것이고 자신이 낳고 싶은 아들을 가리키는 것이다. 아무 데서나 이 노래를 큰 소리로 부르고 다니니 이 소문은 꼬리에 꼬리를 물고 왕의 귀에까지 들어가게 되었다. 노래의 내용을 들은 태종무열왕이 "아하! 이 스님이 귀부인을 얻어서 똑똑한 아들을 얻고자 하는구나! 나라에 큰 현자가 있으면 나라를 이롭게 하는 것이 실로 막대할 것이다"고 하였다. 이때 마침 무열왕의 둘째 딸인 요석공주가 일찍 남편을 여의고 요석궁에서 홀로 살고 있었는데, 임금이 그곳에 있는 관리에게 명하기를 "원효 스님을 찾아 요석궁으로 데려가서 공주와 짝을 지어주도록 하라"고 했다.

왕의 명령을 받은 요석궁의 관리가 원효를 찾아 사방으로 돌아

다녔으나 그의 흔적을 발견하기 어려웠는데, 궁으로 돌아가려고 하다가 요석궁 바로 앞에 있는 느릅나무 다리인 문천교 부근에서 원효를 만났다. 이때 원효는 남산에서 막 내려와 왕궁으로 들어가려고 문천교를 건너려던 참이었다. 이것을 본 궁의 관리는 원효를 모시고 갈 욕심으로 황급히 다리를 건너갔다. 다리를 건너오다가 관리와 부딪친 원효는 마치 썩은 통나무가 넘어가듯 옆으로 쓰러지면서 다리 아래의 물로 빠지는 것이었다. 그러자 관리는 서둘러 다리 아래로 내려가 원효를 부축해 일으킨 다음 "대사의 옷이 모두 물에 젖었으니 제가 있는 곳으로 가셔서 옷을 말려야겠습니다" 하고는 원효를 요석궁으로 데려갔다.

궁에는 이미 따뜻하고 편안한 방이 마련되어 있었는데, 이곳으로 들어온 원효는 마치 자기 집에 온 것처럼 옷을 훌훌 벗어 말리게 한 다음 궁에서 내어주는 옷으로 갈아입는 것이었다. 옷을 갈아입고 보니 머리만 중이지 늠름한 풍채와 준수한 얼굴을 지니고 있어서 영락없는 귀공자였다. 가슴을 두 근반 세 근반 하면서 기다리던 요석공주는 살며시 나와서 인사하고 원효에게 불법을 들었는데, 그 뒤 두 사람은 사흘 동안 밖에는 전혀 나오지 않고 오직 방 안에서만 지냈다.

3일이 지나자 이제는 옷이 다 말랐으니 가봐야겠다는 궁색한 핑계를 대면서 궁을 나선 원효는 다시 자취를 감추었다. 비록 짧은 3일 동안의 사랑이었지만 그것은 원효와 요석공주에게는 천년의 사랑과도 같았다. 그때부터 공주에게 태기가 있었으니 열 달이 찬 후에 아들을 낳아 이름을 총이라 하고 성은 원효의 속세 성을 붙였다. 이 사람이 바로 신라 십현의 한 사람으로 이두를 발명한 대성인 설총이다.

한편 불교에서 금하는 계(戒) 중의 하나인 색계(色界)를 어겨 파계승이 된 원효는 승려의 옷을 벗어던지고 세속의 옷으로 바꿔 입은 다음 이름도 소성거사(小性居士)라고 하였다. 우연히 길거리를 가다가 광대를 만난 그는, 큰 박(瓠)을 가지고 노는 것을 보고 그것을 본떠 춤을 추고 노래를 불렀는데, 그 모양과 형상이 매우 기괴하였다. 원효는 탈바가지 모양을 한 도구를 만들어 춤추고 노래하며 그것을 무애(無碍)라 이름 지었다. 이는 "거리낌이 없는 사람은 한결같이 삶과 죽음을 벗어난다"라는 뜻으로, 『화엄경(華嚴經)』에 나오는 말이다. 무애라고 이름 지어진 춤과 노래를 수많은 마을을 돌아다니며 퍼뜨리니 가난하고 무지몽매한 무리들까지도 모두 부처의 법호를 알게 하여 누구나 나무아미타불을 할 줄 알게 되니, 이것은 모두 원효의 법화(法化) 덕택이라고 할 수 있다.

원효와 요석공주가 사랑의 결실을 맺도록 해준 사연을 간직하고 있는 문천교와 문천은 신라시대에는 매우 중요한 의미를 지니고 있었던 것으로 보인다. 또한 고려시대에도 월정교와 문천을 노래하는 시들이 있었다. 고려 전기의 문인인 김극기는 「불계시(祓禊詩)」에 "남산 일만 송이 푸른소라 드러나고, 산의 세찬 형세 오백 리를 치닫다가, 중도에 구부러져 비스듬히 솟았네. 그 아래 한 줄기 문천이 있으니, 만 번 꺾고 천 번 서려 구불구불 흐르도다. 월정교 어구 향해 달려 나아가니, 놀란 물결 부서져 옥을 울리는 소리로다. 엄장루 아래 와서는 흐름이 차츰 느려져서, 물결은 잔잔하고 모래는 평평하여 비단을 펼쳐 놓은 듯. 낙읍의 모든 선비 10만 명이 문천에 불계하니, 어깨 서로 닿았구나"라고 노래하였다. 여기서 말하는 불계는 불교와 관련이 있는 의식으로 3월 3일에 물가에 가서 목욕하여 상서롭지 못한 것을 제거하는 것을 말한다. 몸과 마음을 씻는 불계의 의식을 문천에서 행했던 것으로 보아 문천은 경주에서 가장 중심이 되는 강이었음을 알 수 있다.

문천의 중요성에 대해서는 조선 중기의 문인인 이만부가 지은 『동도잡록(東都雜錄)』에도 자세히 나와 있다.

"경주의 하천 중에서 가장 큰 것은 서천이고 다음으로 큰 것이 문천이다. 문천의 상류는 사등이원이라고 하는데, 토함산에서 발원해 월성 아래를 지나 서천과 합류한 뒤 형산포에 닿은 후 동해로 들어간다. 신라 때에는 호남이나 경기 등의 먼 지방에서 거둔 조세를 바다를 통해 배로 운반한 다음 포구에서 궁궐까지 운반할 때 형산포에서 시작해 문천을 마지막 종착점으로 하여 왕궁까지 이르렀다고 하니 문천이 운하의 구실까지 했음을 알 수 있다. 이러한 사실로 볼 때 문천의 크기를 짐작할 만하다."

이처럼 문천과 월정교는 경제 · 정치 · 문화적으로 매우 중요한 강과 다리였음을 충분히 짐작할 수 있다. 조선 후기의 이긍익은 『연려실기술(練藜室記述)』에서 "경주는 신라 천년의 도읍지인데, 산천이 둘러 있고 땅이 기름지다. 그중에 문천 한 구비가 노닐 만하고 다른 곳은 별로 볼 것이 없다"고 하였다. 이런 점에서 볼 때 단순히 춘양교와 월정교만 복원하는 데 그쳐서는 안 될 것으로 보인다. 문천의 역사적 · 문화적 의미와 함께 문천교와 월정교 등이 갖는 의미도 함께 느낄 수 있도록 해야 진정한 의미의 복원이 완성되지 않을까 싶다. 월정교와 문천교는 당연히 함께 복원되어야 하는데, 이 두 개의 다리를 통해 이어졌던 문화적 의미들을 우리 모두 음미해볼 수 있도록 주변의 월성과 계림, 요석궁과 남산의 여러 유적들을 답사할 수 있는 코스도 함께 복원해야 할 것이다. 다리뿐만 아니라 옛 조상들의 문화를 함께 복원하는 것이 절대적으로 필요하리라 생각된다.

춘향의 사랑이 서려 있는 오작교

지리산 자락에 위치한 전라북도 남원은 호남과 영남이 만나는 곳
으로 우리나라 최고의 절경을 자랑한다. 백두대간의 끝자락인 지
리산 언저리에 위치한 남원에 가면 산과 물이 모여들어 크지도 작
지도 않은 분지를 이루고 있어서 안락한 분위기를 느낄 수 있다.
세상과 멀리 떨어져 있는 하늘나라의 옥황상제가 사는 곳이 바로
이렇지 않을까 싶다. 남원에는 조선 초기에 지은 광통루를 고쳐 만
든 광한루원이 조성되어 있으며, 그 안에는 하늘의 강인 은하수를
건너는 다리로 알려진 오작교(烏鵲橋)가 놓여 있다. 그곳에는 여뀌
꽃이 만발한다는 의미를 지닌 시내인 요천(蓼川)에서 끌어들인 맑
은 물이 오작교 아래로 흘러 은하수의 모습이 연출된다. 광한루는
신선들이 사는 하늘 세상인 동천(洞天)의 가장 중심이 되는 자리에
있는 곳으로 하늘의 제왕인 옥황상제가 사는 곳이라는 의미를 지
니고 있다.

남원 제일의 명소인 광한루원은 우리나라 사람이면 모르는 이가
없는 조선 후기의 판소리계 소설 『춘향전』에서 이몽룡과 성춘향이
만나 사랑을 맺은 곳으로 등장하면서 유명해졌다. 그 뒤 이곳은 남
원을 대표하는 상징적인 문화유적으로 자리매김하고 있다. 따라서
오작교의 성격과 문화적 가치를 제대로 알기 위해서는 우선 광한
루원에 대해 살펴볼 필요가 있다.

광한루원은 세종 때의 명재상이었던 황희가 세종 즉위년인 1419

년에 지은 광통루를 시초로 한다. 당시 이조판서였던 황희는 태종 16년(1416)에 노비 문제로 죄를 짓고 교하에 유배되었다가 2년 뒤인 1418년에 대간의 탄핵을 받아 다시 고향인 남원으로 유배되었는데, 세종 4년(1422)에 재차 서울로 돌아오기 전까지 남원에서 살았던 것으로 전해진다. 이때 그는 자신의 부친이 일제(逸齊)라는 서실을 지었던 자리에 누각을 세웠는데, 그 위치는 남원부에서 남쪽으로 2리 정도 떨어진 곳이다. 황희는 지세가 높고 평평하며 넓게 트인 그곳에 누각을 세우며 그 이름을 광통루라고 지었다. 비록 작은 누각이었지만 그 앞으로는 지리산에서 내려오는 요천이 흐르고 있어서 마치 은하수와 같았으니, 자연경관이 천하제일이었을 것임을 짐작하게 한다.

그러나 얼마 지나지 않아 황희는 서울로 올라가고 주인 없는 누각은 점점 퇴락하게 되었는데, 세종 26년인 1444년 정인지가 전라도 관찰사로 오게 되었다. 이곳을 지나다가 아름다운 경치에 취한 정인지는 광통루를 수리하고, 달나라의 궁궐을 상징하는 이름인 광한청허부(廣寒淸虛府)를 따서 부르다가 나중에 광한루라는 이름으로 고정되었다. 이곳을 사랑하는 정인지의 마음이 얼마나 애틋했던지 광한루에 대해 말하기를 "아! 호남의 경치 좋은 곳으로 우리 고을인 남원보다 나은 곳이 없고, 내 고장 경치 좋은 곳 중에 광한루보다 나은 곳이 없다"고 할 정도였다. 그러다가 세조 7년인 1461년에 남원부사로 온 장의국이 광한루를 크게 중수하고, 요천의 맑은 물을 끌어들여 은하수를 상징하는 지당(池塘)을 만들어 견우와 직녀의 전설이 서려 있는 오작교를 그 위에 가설했다고 한다.

오작교가 조선 초기에 가설되었다는 사실은 조선 초기의 인물인 강희맹의 시에도 나타나 있다. 강희맹은 세종 시대에 태어나 성종

남원 제일의 명소 광한루원과 춘향의 사랑이 서려 있는 오작교

때에 주로 활동한 문인이자 정치가인데, 그가 지은 시 「광한루」를 보면 다음과 같이 노래하고 있다.

남방의 광한루 이름을 알았더니, 6월에 올라와도 가을처럼 서늘하구나. 달그림자 홀연히 비춰오니 하늘에 가까운데, 붉은 난간 굽은 곳에 견우성이 지나가도다. (知名南國廣寒樓六月登臨骨欲秋桂影忽來天宇逼朱欄曲處過牽牛)

이처럼 조선 초기에 만들어졌던 광한루원은 16세기에 이르러 전라도 관찰사로 왔던 송강 정철이 크게 고쳐 지었다. 그는 원래의 모습을 잘 살리면서도 은하수를 상징하는 연못 가운데에 신선이 산다는 전설을 가진 봉래(蓬萊) · 방장(方丈) · 영주(瀛州)를 만들었다. 봉래에는 백일홍 나무를 심고, 방장에는 대나무를 심었으며,

영주에는 '영주각'이라는 정자를 세웠다. 그러나 정유재란을 겪으면서 왜인들의 방화에 의해 모두 불타버리고 말았다. 오늘날의 광한루원은 1639년에 남원부사 신감이 복원한 것이다.

동쪽에서 요천의 물이 들어와 서쪽으로 흐르면서 만들어진 연못인 지당이 바로 광한루 앞에 있는데, 이 누각의 서남쪽에 북에서 남으로 연못을 가로질러 놓은 다리가 바로 오작교다. 오작교는 아치 모양의 수로가 네 개 설치된 형태의 홍예교(虹蜺橋)로 자연석을 놓아 만든 돌다리다. 다리는 기본적으로 물자와 사람을 원활하게 이동시키기 위한 것이 주목적이므로 그 위를 지나는 사람이나 물자의 무게를 견딜 수 있도록 지어야 한다.

중세 이전의 많은 다리가 홍예 형태로 되어 있는 것을 볼 수 있는데, 다리에 홍예의 형태가 많이 쓰이게 된 까닭은 홍예의 구조가 무게를 가장 잘 지탱할 수 있기 때문이었다. 건축물의 구조로 쓰인 홍예는 동서를 막론하고 오랜 역사를 지니고 있는데, 기원전 5000년경에 조성된 이집트의 피라미드에 최초로 쓰였다. 이러한 홍예의 기법을 다리를 축조하는 데 최초로 이용한 때는 로마 시대로 알려져 있는데, 그 뒤로 세계 전역에서 홍예교가 다리의 중요한 형태로 자리 잡았다.

홍예교에서 가장 중요한 것은 물이 지나갈 수 있는 수로인 무지개 모양의 홍예를 만드는 것으로 이것에 따라 다리의 완성도가 결정된다. 홍예를 잘 만들기 위해서는 홍예의 양쪽 끝을 받쳐주는 땅을 잘 다진 다음, 홍예석을 지탱할 수 있는 부채 모양의 받침돌을 놓아야 하는데, 이 받침돌을 지대석, 혹은 홍예대라고 한다. 이렇게 하여 단단한 홍예대가 완성되면 사다리꼴로 다듬은 긴 모양의 돌로 무지개 모양의 홍예를 만드는데, 이것을 홍예석이라고 한다.

홍예석은 양쪽에서 둥근 형태로 쌓아 올라가는데, 두 갈래의 돌이 맞물리는 중간에 놓이는 돌은 홍예종석이다. 홍예종석은 다른 홍예석보다 돌출된 모양으로 다듬어서 놓는데, 사찰의 홍교 같은 데에서는 튀어나온 홍예종석에 용 모양 같은 것을 새겨 조형적인 아름다움을 가지도록 하였다. 그러나 남원의 오작교는 상징적인 의미가 중심을 이루는 것이어서 그런지 홍예종석이 돌출되어 있지 않다.

지대석과 홍예석이 제자리에 놓이고 홍예의 모양이 갖추어지면 이때부터 양옆을 수평으로 만들어주는 장대석을 채워 넣는데, 이것을 무사석(武砂石)이라고 한다. 이 무사석은 홍예의 높이와 같도록 채워 넣게 되는데, 홍예의 가장 높은 지점인 중앙 부분에 놓일 무사석은 아래가 둥근 모양이 되도록 다듬어서 놓는다. 그 이유는 홍예로 인해 만들어진 곡선을 평평하게 해주기 위해서다. 이러한 모양의 무사석을 부형무사(缶刑武砂)라고 한다.

우리나라의 다리들은 홍예의 수가 하나에서 수십 개에 이르는 다양한 형태로 되어 있는데, 남원의 오작교는 홍예가 네 개로 구성되어 있다. 보통 하나 이상의 홍예를 구성할 때는 홍예와 홍예 사이를 붙도록 만들어 홍예가 견디는 압축력을 배가시키는 것이 일반적인데, 오작교의 경우는 홍예와 홍예 사이가 상당히 벌어져 있는 형태로 되어 있다. 이 다리의 홍예가 서로 붙어 있지 않도록 지은 이유는, 아래로는 물이 지나가고 위로는 사람이 지나다닐 수 있을 정도의 무게만 견디도록 설계되었기 때문일 것이다. 물이 지나가는 수구(水口)인 홍예가 네 개로 구성된 오작교가 물자의 통행을 위해 만들어진 것이 아니라는 점은, 보통의 홍예교에서 볼 수 있는 아름답게 장식한 난간이나 해태들을 조각하여 세운 법수석 같은 것이 없다는 것을 통해서도 알 수 있다. 또한 오작교의 상판은 아무런 장식도 없는 밋밋한 평판이다.

이런 점에서 볼 때 광한루원 안에 있는 오작교는 견우와 직녀가 칠월칠석에 은하수를 건널 수 있도록 까마귀와 까치가 다리를 놓았다는 전설을 가장 충실하게 반영한 형태로 만들어진 다리라고 할 수 있다. 만약 오작교를 크고 웅장한 모양의 홍예와 궁궐의 다리에서 보이는 화려한 장식을 한 난간이나 법수 등을 갖춘 것으로 꾸몄다면 여타의 홍예교와 별반 다를 것이 없는 평범한 돌다리가 되고 말았을 것이다. 이 오작교는 조선 후기에 『춘향전』에서 남녀 주인공이 처음 만나 백년가약을 맺는 사랑의 다리로 새롭게 묘사되면서 남원과 광한루원을 대표하는 다리로 거듭날 수 있었다.

위에서 살펴본 바와 같이 광한루원의 오작교는 다리 이상의 상징적이고 예술적인 여러 의미를 가지고 있다. 하지만 현재의 광한루원에 가보면 너무나 복잡하고 어지러운 모양을 하고 있어서 조선시대 전체를 통틀어 수많은 선비들에게 사랑을 받았던 호남제일의 명소가 맞는지 의심이 들 정도다. 이런 현상은 최근 지방자치제가 시행되면서 춘향을 남원의 상징으로 부각시키는 과정에서 『춘향전』과 관련된 모든 유적들을 광한루원 안에 모아놓게 되면서 심각한 상태에 이르고 말았다. 현재 광한루원은 서쪽 공간을 전부 할애해 춘향관, 월매집, 그네 등을 짓고 설치함으로써 놀이터나 다름없게 되었다. 그래도 남원시 홈페이지에서만은 광한루원의 원래 모습에 대해 다음과 같이 설명하고 있다.

"이곳은 천체 우주를 상징하여 조성한 우리나라의 대표적인 전통 누원으로 하늘의 궁궐을 상징하는 광한루를 중심으로 영주, 봉래, 방장을 뜻하는 세 개의 삼신산이 있는 호수와 오작교가 있다."

　이 설명처럼 광한루원은 우주를 본떠 옮겨놓은 것으로 천계와 선계에 대한 조선시대 선비들의 사상을 잘 반영한 곳이다. 따라서 이곳은 그러한 성격에 맞도록 보존되고 가꾸어야 할 필요가 있다. 춘향과 관련된 기념관이나 월매집, 그네 같은 것이 이곳에 있을 이유가 없다.

　남원시에서 광한루원을 제대로 살리고 춘향이라는 남원의 상징을 올바르게 활용하기 위해서는 광한루원을 하늘의 궁궐을 본뜬 옛 모습대로 복원해 호남제일의 명승지로 환원함과 동시에 춘향과 관련된 공간은 다섯으로 나누어 테마관광지로 개발할 필요가 있다. 그렇게 하면 광한루원도 살리고 춘향도 살리며, 동시에 경제적인 효과도 기대할 수 있을 듯싶다. 지금처럼 광한루원 안에 모든 것을 모아놓으면 남원을 찾는 사람들은 그곳만 보고 집으로 돌아갈 것이기 때문에 남원시는 경제적으로 별 이득을 볼 수 없는 것이다.

　춘향과 관련된 유적지는 만남의 공간, 사랑의 공간, 이별의 공간, 해후의 공간, 사후의 공간 등 크게 5가지 테마로 나누는 것이 필요하다. 만남의 공간은 몽룡과 춘향이 처음 만나서 사랑을 확인하고 백년가약을 맺는 곳으로 광한루원이 그것이다. 광한루원을 옛 모습으로 복원해 신선이 사는 곳처럼 꾸민 다음 청춘남녀의 만남을 강조하는 테마 공간으로 거듭나게 할 필요가 있다. 여기서 가장 강조되는 것이 바로 오작교가 될 것이기 때문에 오작교와 관련된 다양한 체험 행사를 마련하도록 한다. 사랑의 공간은 몽룡과 춘향이 사랑을 확인하면서 꿈같은 시간을 함께 보낸 월매의 집이 된다. 『춘향전』에 의하면 월매의 집은 현재 광한루원 안에 있는 초가집 정도의 크기가 아니었다. 크고 화려한 기와집이었으며, 집의 기물과 치장 등도 엄청났던 것으로 나타나 있다. 그러므로 비용이 많이 들더라도 광한루원에서 서쪽으로 10km 정도 떨어진 지점에 월매의 집을 그대로 재현해 사람들에게 풍부한 볼거리를 제공하는 공간으로 꾸며야 할 것이다. 몽룡과 춘향이 피눈물을 흘리면서 헤어지는 이별의 공간은 남원에서 전주 방향으로 상당히 떨어진 거리에 있는 오리정이다. 오리정 주변에는 두 사람의 이별과 관련이 있는 오리정, 눈물방죽, 춘향이버선밭, 말달리기언덕 등의 여러 유적들이 있으므로 이것을 잘 활용해 상당한 규모를 가진 테마 공원으로 새롭게 조성하는 것이 바람직하다. 다음으로 해후의 공간은 춘향이가 변사또에게 고초를 겪었으며, 암행어사 출도가 벌어진 남원 관아다. 현재 남원 관아는 남아 있지 않으므로 시내에서 서북쪽에 있는 교룡산성 밑에 원래 모습대로 관아를 복원하고 이와 관련된 여러 행사와 체험을 하게 한다면 더없는 관광명소가 될 것이다.

마지막으로 중요한 것은 춘향의 사후 공간인데, 현재 춘향의 묘소가 있는 육모정 부근을 춘향굿 광장으로 개발해 춘향사당과 더불어 춘향과 관련된 사후의 것들을 모두 모아놓는다면 이곳 역시 남원의 새로운 관광명소가 될 것이다. 오작교에서 출발한 사랑의 언약이 어떤 과정을 거쳐서 아름다운 결실을 맺는가를 강조하면서 춘향 테마 관광자원으로 개발한다면 우리나라에서 제일가는 명소가 됨과 동시에 호남제일 명승지라는 옛 명성 또한 되찾지 않을까? 이렇게만 한다면 오작교의 문화적 의미 또한 배가될 것으로 보인다.

신분을 초월한 사랑이 깃든 배전각홍교

전라남도의 남쪽에 자리한 강진은 육지와 바다가 맞닿은 곳으로 신라 때부터 조선 말기까지 군사적 요충지였으며, 청자 생산지로도 잘 알려져 있다. 특히 강진은 신라시대에 장보고가 세웠던 해상왕국인 청해진과 관련된 지역이었고, 조선시대에는 호남지역의 육군 전체를 지휘하는 종2품의 병마절도사가 머물던 병영이 위치한 곳이기도 했다. 병마절도사는 전쟁이 없는 평상시에는 지방 군대의 무예 훈련 및 진을 펼치는 연습, 그리고 무기의 제작과 정비, 군사들의 장비 점검, 성곽이나 보루 등의 군사시설을 만드는 일 등을 총괄하는 총책임자였다. 또한 외적의 침입이 있을 때에는 즉각적으로 대응해 적절한 조치를 취한 뒤 중앙에 보고할 수 있는 권한까지 부여받은 최고의 행정관이었다. 병마절도사는 국방뿐만 아니라 백성들에게 해를 끼치는 맹수를 잡기도 하고, 도적을 체포하며 내란을 방지하고 진압하는 일도 맡았다. 이런 일을 하는 병마절도사가 있는 곳은 중앙정부를 축소하여 옮겨놓은 곳이나 다름없기 때문에 절도사와 병사들이 머물 수 있도록 상당한 크기의 성곽과 건물을 조성하였는데, 이것을 병영이라고 한다. 그런 이유 때문에 병영성이 있었던 지역은 지금도 병영면이라는 지명으로 남아 있다.

이곳에 병마절도사의 주둔지인 병영이 설치된 것은 태종 17년인 1417년이다. 왕자의 난 때 공을 세워 좌명공신에까지 오른 조선 초기의 무인 마천목이 병마절도사에 임명되어 전라도 53주 6진을 통치할 때 축조했다고 한다. 전설에 의하면 마천목은 병영성을 쌓기 위해 고민하면서 박동리 동쪽에 있는 야산으로 해발 200여 미터 높이의 일망대에 올라 주위를 둘러보다가 잠깐 잠이 들었다고 한다. 꿈속에 산신령이 나타나 활과 화살을 주면서 마천목에게 쏘아보라고 하는 것이었다. 이상하게 생각한 그는 산신령이 주는 활과 화살을 받아서 북서쪽을 향해 힘껏 쏘았는데, 한참을 날아간 화살이 벌판 어딘가에 꽂히는 것을 보고 잠에서 깨어났다. 산에서 내려온 마천목은 꿈에서 화살이 떨어진 곳을 찾아가보니 일망대에 서 북서쪽으로 500여 미터 떨어진 곳에 화살이 꽂혀 있는 것을 발견했다. 화살을 본 마천목은 이곳에 성을 쌓으라는 신의 계시인 줄 알고 그 자리에 병영성을 만들기로 결심했다. 그러나 어떤 모양으로 어느정도 크기의 성을 지어야 할지 딱히 생각이 떠오르지 않아서 다시 고민을 하다가 그곳에서 하룻밤을 지내게 되었다.

그날 밤에는 제법 많은 눈이 내렸는데, 아침에 일어나보니 화살이 떨어졌던 자리를 중심으로 남북으로 긴 장방형의 공간에는 눈이 전혀 쌓이지 않았다. 마천목은 눈이 녹지 않은 경계를 따라서 성을 쌓아 병영성을 축조할 수 있었다. 이런 사연 때문에 병영성은 설성(雪城)으로 불렸다.

『증보문헌비고(增補文獻備考)』에는 병영성의 둘레가 약 2,820척이고, 성곽의 높이는 18척이며, 성문이 4개가 있고, 성을 지키는 작은 성곽인 옹성이 12개가 있으며, 포를 쏘는 곳인 포루가 2개, 우물이 5개, 못이 2개가 있다고 기록되어 있다. 『대동지지(大東地志)』에는 병영의 둘레가 3,705척이고 문 밖의 성세가 좁고 험해 두 사람이 함께 설 수 없으며, 북문은 더욱 험한 절벽이고, 동문은 적을 막을 수 있는 곳으로 문 밖에는 수덕인산세(修德因山勢)가 절벽을 이루고 있다. 그리고 성 밖의 서·남·북 3면은 천연적으로 험준하다. 동문은 성 밖에 별도로 빙 둘러 개천을 만들어 쌓았기 때문에 병영은 천혜의 요새였다고 약간 다르게 기술되어 있다. 이곳

오늘날 병영홍교라고도 불리는 배전각홍교. 배전각홍교는 병마절도사 병영의 관문 역할을 한 다리다.

은 조선시대에 호남지역의 군사 요충지였기 때문에 나랏일을 보기 위한 관청과 장수대 등이 모두 갖춰져 있었는데, 일제강점기에 거의 완전히 사라지고 말았다. 특히 병영성이 있었던 곳은 고려 말에도 왜구의 침략을 피해 백성들이 피난하던 곳으로 성곽 주위와 마을에는 3천 호 가까운 집들이 있었다고 하니 엄청나게 큰 규모의 요새 도시가 형성되었던 셈이다.

수인산, 성자산, 별락산, 화방산 등의 험한 산으로 둘러싸인 분지였기 때문에 천연의 요새를 형성했던 병영성은 임진왜란 당시에는 도원수 권율의 주장으로 잠시 동안 장흥으로 옮긴 적이 있었으나, 1604년에 다시 원래의 자리로 옮겨왔다. 1894년에는 동학농민전쟁으로 인해 성이 함락되면서 엄청난 피해를 본 후 이듬해인 1895년에 완전히 폐영되어 현재에 이르고 있다. 병영성은 호남지역 군사의 총본부였기 때문에 네덜란드 사람으로 제주도에 난파했던 하멜이 효종 7년인 1656년부터 현종 4년인 1663년까지 약 7년간 억류되었던 곳이기도 하다.

이런 역사를 가지고 있는 병영에는 아름답고 흐뭇한 사연을 간직한 홍교가 하나 있어서 그 운치를 더해주고 있다. 병영성지에서 북서쪽으로 약 500m 정도 떨어진 성동리에 위치한 배전각홍교(拜箋閣虹橋, 김정호가 지은 『대동지지』에 배전각홍교라는 명칭이 나온다)는, 성의 남쪽에 있는 작천교와 함께 병영성의 두 관문이었던 것으로 보이는 다리다. 이 다리에 배전각홍교라는 이름을 붙인 데는 배전 의식과 관련이 있는 것으로 보인다. 배전이라는 의식은 배전례라고 하는 것인데, 임금에게 올리는 전문(箋文)에 예를 올리던 의식이다. 전문은 왕의 생일이나 왕자의 탄생처럼 나라나 왕실에 경축할 일이 있거나 임금에게 사례의 뜻을 올려야 하는 일이 있을 때, 그 내용을 글로 적어 임금께 올리는 것을 말하는데, 이때는 나라에 녹을 먹는 모든 관리들이 조회를 열어 하례를 올리게 된다. 그러나 서울에 있지 않고 먼 지방에서 업무를 봐야 하는 경우에는 직접 참석할 수 없으므로 전문을 올려 대신 뜻을 전하도록 했는데, 이 전문을 전송하는 의식이 바로 배전례다.

그러나 외관에 나가 있는 모든 관리들이 이런 하례를 올리는 것은 아니고 신분과 작위가 높은 관리인 유수, 관찰사, 절도사, 대도호부사와 2품 이상의 수령 등만이 전문을 올려 경축의 뜻을 아뢰었다. 병마절도사는 전라도 53군을 다스리는 최고 사령관으로 종2품 벼슬이었으므로 임금께 경축의 예를 올려야 할 때는 반드시 배전례를 행해야 했다. 그래서 그 의식을 행하는 배전각을 짓고 그곳에서 병마절도사와 모든 병사들이 전문을 배웅했던 것이다. 오늘날 병영홍교라고 부르는 이 다리를 배전각홍교라고 한 데서 알 수 있듯이, 이 다리는 병영성이 축조되면서 광주나 서울 방향으로 통하는 관문의 다리 구실을 했기 때문에 어떤 형태로든 존재했을 터인데, 지금처럼 홍교의 형태를 갖추어서 만들어진 것은 정조 때인 것으로 추정된다.

배전각홍교는 무지개 모양의 홍예가 1개인 다리인데, 화강암을 사용해 만든 다리다. 홍예를 받쳐주는 지대석 위에 자연석으로 된 74개의 홍예석을 맞물리게 아치형으로 연결시켜 홍예를 만들었는데, 홍예의 지면에서 홍예종석까지의 높이는 4.5m, 너비는 3.08m, 길이는 6.75m의 규격을 가지고 있다. 다리를 평평하게 만들어주는 무사석은 주변에서 가져온 잡석으로 채워 넣고 맨 위는 흙을 덮어서 평평하게 만들었다. 홍예의 중앙에 마지막으로 끼워 넣는 홍예종석은 여느 홍교와 같이 아래를 향해 돌출되어 있으며, 돌출된 부분에는 여의주를 물고 있는 용의 모양을 조각해 벽사(辟邪)와 진호(鎭護)의 의미를 담아냈다. 이러한 모습을 갖추고 있는 배전각홍교에는 축조의 유래를 간직하고 있는 아름다운 전설이 다음과 같은 내용으로 전해지고 있다.

병영이 한창 번성할 때 3천 가구가 살았던 이곳에는 양반 신분으로 김씨 성을 가진 큰 부자가 살고 있었다. 김 부잣집에는 여러 명의 머슴이 일을 했는데, 지금의 홍교 근처에 살던 사람으로 신분이 낮은 유씨 성을 가진 총각도 이 집의 머슴으로 일하고 있었다. 유 총각은 비록 머슴을 살아 생계를 유지하는 가난한 집안의 아들이었지만 부지런하고 성실한데다 참으로 영리하여 주인과 이웃 사람들이 모두 그를 좋아했고, 칭송이 자자하였다. 사실 이 사람은 원래 뿌리는 양반이었으나 집안이 몰락하는 바람에 천민이 된 후 병영으로 와서 머슴살이를 하게 된 것이었다. 그리고 김 부잣집에는 예쁘고 착한 외동딸이 하나 있었는데, 비록 가난한 집안의 아들로 남의 집 머슴살이를 하고 있는 사람이었지만 성실하고 잘생긴 유 총각을 남몰래 흠모하여 깊이 사모하는 마음을 가지고 있었다. 그러나 남녀가 유별하던 조선시대였는지라 만나서 이야기할 기회조차 잡지 못한 채 하루하루 시간만 지나갔다.

그러던 어느 따뜻한 봄날이었다. 날씨가 워낙 좋아서 마음이 싱숭생숭해진 김 낭자는 동네 뒷산으로 올라가 나물이라도 캐려고 바구니를 옆에 끼고 산으로 올라갔다. 때마침 유 총각은 땔나무를 하려고 산으로 가던 중이었는데, 산중턱에서 두 사람이 딱 마주치고 말았다. 갑자기 마주친 두 사람은 서로를 쳐다보지도 못한 채 어쩔 줄을 몰라서 쩔쩔매고 있었는데, 갑자기 하늘에 먹구름이 끼면서 엄청난 빗줄기가 내리 퍼붓는 것이었다. 달리 비를 피할 곳도 없었는지라 두 사람은 커다란 나무 밑에서 함께 비를 피하게 되었는데, 평소부터 사모하는 마음을 가지고 있었던 유 총각과 김 낭자는 서로 눈이 맞아서 절대로 떨어질 수 없는 연인 사이가 되고 말았다.

신분적으로 보나 경제적으로 보나 너무나 기우는 혼처인지라 김 낭자의 집에서는 엄청나게 반대했지만 한사코 뜻을 굽히지 않는 외동딸의 고집 때문에 김 부자는 할 수 없이 혼인을 시키게 되었고, 두 사람 사이에 태어난 아이가 바로 유한계였다. 이 아이가 자라서 나라의 최고 품계인 숭록대부까지 받아서 고을을 빛냈기 때문에 그의 금의환향을 기념하기 위해 양한조라는 사람이 감독하여 홍교를 놓은 것이 바로 지금의 배전각홍교다.

병영지역에서 전해오는 이러한 전설과 함께 배전각홍교의 축조에 대한 기록들이 여럿 있는데, 정확한 것은 거의 없어서 그 실상을 알기는 어렵다. 특히 다리의 주인공인 유한계에 대한 정보가 거의 없기 때문에 더욱 그렇다. 유한계라는 인물이 조선시대에 실존했던 것은 사실이지만 어떤 자료에도 뚜렷한 기록이 보이지 않는다. 강진군 공식 홈페이지에 올라와 있는 자료에 의하면 유한계는 숙종 24년인 1698년에 종2품의 품계에 해당되는 가선대부 겸 동지중추부사였고, 영조 6년인 1730년에는 조정에서 가장 높은 품계인 정1품의 숭록대부를 받았던 사람이다. 또한 배전각홍교는 그가 높은 품계를 받고 고향에 돌아온 것을 기념하기 위해 양한조라는 사람이 감독해 만든 것으로 되어 있다. 무엇을 근거로 한 기록인지는 도무지 알 수 없으나 이것은 신빙성이 매우 희박할 뿐만 아니라 유한계라는 인물이 살았던 시기와도 맞지 않으므로, 믿기 어려운 정보가 아닐 수 없다. 왜냐하면 유한계라는 인물에 대해 언급하는 중앙의 공식 기록은 거의 없기 때문이다.

그에 대한 유일한 공식 기록이라고 할 수 있는 것이 나타난 자료는 영조 36년인 1760년부터 1910년 8월까지 조정과 내외의 신하와 관련된 정부의 공식 기록인 『일성록(日省錄)』뿐인데, 이곳에도 자세한 내용이 없어서 정확한 사실을 알 수가 없다. 『일성록』의 자료는 강진군에서 공식적으로 발표한 자료와는 상당한 차이가 있다. "정조 10년인 1786년에 정무를 보았는데, 이때 지방에 거주하는 자로 여든을 넘긴 벼슬아치나 일반인에게 일정한 직무가 없는 벼슬인 산직을 내리게 된다. 그중에 강진현 사람으로 중추부의 벼슬인 추함(樞銜)에 단부(單付)된 적이 있는 정헌대부인 유한계 등에게 품계를 올려주는 가자(加資)를 하도록 한 뒤, 임금이 하나를 골라 점을 찍어 벼슬아치를 임명하는 일인 하비(下批)를 하도록 하고, 부녀는 작위를 봉하도록 했다"는 『일성록』의 기록으로 볼 때 유한계는 강진 사람으로 과거시험을 거쳐 실질적인 업무를 맡은 관리가 된 인물은 아니었던 것으로 보인다. 왜냐하면 동지중추부사나 가선대부, 숭록대부, 정헌대부 등의 명칭이 모두 실질적인 관직이 아니라 품계의 하나였기 때문이다. 유한계가 어떤 일을 하여 조정에서 이러한 품계를 받았는지는 기록이 없어서 알 수 없으나 1786년에 이미 여든을 넘긴 노인이었다면 1698년에 동지중추부사를 받았다는 것은 태어난 지 얼마 되지 않은 어린아이가 그런 품계를 받았다는 것이 되기 때문에 거짓이라고 볼 수밖에 없는 것이다.

『일성록』의 기록과 정헌대부나 동지중추부사 같은 품계, 그리고 조선 후기의 사회·정치 상황을 고려해볼 때 유한계라는 인물이 중앙 정계에 진출하여 관직을 받아 업무를 본 적이 없었다는 사실은 중추부의 구실을 살펴보면 더욱 명확하게 알 수 있다. 중추부는 조선시대 양반관료제 속에서 실무를 담당하는 특정한 관직에 임명되지 않은 당상관의 고급관리들을 포용하는 독특한 기구였는데, 조선 후기에 이르러 관료제도의 변화와 정비에 따라 중추부에 관한 규정도 새로 추가된 것이 많았다. 즉 신분이 낮았던 의관이나 역관이면서도 품계가 높은 자가 승품을 해서 중추부의 관원이 되기도 하였고, 노인직으로 품계를 올려서 임명되는 사례가 늘어나면서 유명무실한 아무런 실권이 없는 기관이었기 때문이다. 따라서 동지중추부사는 종2품으로 품계는 높았지만 아무런 실권이 없는 상태의 버슬인 셈이다. 또한 숭록대부 역시 관직이 아니라 품계이기 때문에 실질적인 관직이 없는 상태에서 받는 명예직이었던 것이다.

　이러한 현상은 임진왜란과 병자호란 등을 겪으면서 더욱 심해진 국정의 문란과도 관련된 것으로 보인다. 위에서 언급한 역사적 사실로 볼 때 배전각홍교가 유한계라는 인물과 관련된 다리라고 한다면 이것의 축조 연대는 강진군에서 주장하는 조선조 숙종 시대인 17세기가 아니라, 이보다 한참 뒤인 정조 10년인 1786년경으로 보는 것이 타당할 것이다.

　기록이야 어떻든 배전각홍교는 아름다운 사연을 간직한 사랑의 다리로 강진의 중요한 문화유산이라 하겠다. 그러나 최근에는 다리 입구에 서 있는 두 기의 법수(法首)를 도둑맞았다고 하니 참으로 안타까운 일이 아닐 수 없다. 배전각홍교가 민족의 미풍양속을 간직한 문화유산으로 거듭날 수 있기를 기대해 본다.

chapter 2

세상과 세상을 잇다

세상과 세상을 잇다

사람과 신의 세계를 잇는 왕릉의 금천교

'금(禁)'은 일반적으로 금지 혹은 제지 등의 의미로 쓰여 무엇인가를 못하게 막는 것을 가리킨다. 그러므로 이 글자가 붙은 말은 대개 부정의 뜻을 지니고 있다. 그런데 이 금(禁)은 '경계를 지어서 나누다', '제왕이 쓰는', '제왕을 위한' 등의 의미도 있기 때문에 임금이 있는 궁궐이나 왕릉과 관련된 말 중에는 이 글자를 쓰는 경우가 매우 많다. 임금이 계시는 궁궐을 가리키는 말인 금궁(禁宮), 임금의 친위대를 가리키는 금군(禁軍), 궁궐의 정문을 지칭하는 금문(禁門) 등이 있다. 또 궁궐이나 왕릉의 입구에 흐르는 물과 그것을 건너는 다리를 각각 금천(禁川)과 금천교(禁川橋)라고 하는 데서도 이러한 사실을 알 수 있다. 임금과 관련된 말에 금(禁)을 붙이는 것은, 제왕은 하늘에서 낸 존재기 때문에 왕이 계시는 곳은 일반 사람들이 함부로 들어가서는 안 된다는 의미와 함께 세속과 구분되는 다른 세상이라는 의미도 지니기 때문이다. 그러므로 신분제 사회였던 조선시대까지만 해도 일반 백성들은 궁궐의 문이나 다리를 함부로 넘나들 수 없었다. 이러한 이유로 조선시대에 임금이 정사를 보았던 창덕궁으로 들어가는 돈화문 앞에는 금천교가 놓이게 되었다.

금천교는 임금이 계시는 창덕궁 경내로 진입하는 초입에 위치해 있기 때문에 이 다리를 거치지 않고서는 궁 안으로 들어갈 수 없다. 창덕궁 앞의 금천교는 궁 안과 궁 밖을 구분하는 다리인 동시에 궁 안과 궁 밖을 잇는 다리다. 그러므로 금천교는 함부로 건널 수 없다는 금지 혹은 금역이라는 의미와 함께 서로 다른 세상이 통할 수 있는 교통로라는 두 가지 의미를 함께 가진 다리가 된다.

이러한 구실을 하는 금천교는 비단 궁궐의 입구에만 있지 않고 임금이나 왕후의 묘소가 있는 왕릉이나 비릉의 입구에도 있어서 우리의 눈길을 끈다. 능 앞에 금천교가 놓인 것은 풍수지리설에서 말하는 명당설에 근거를 둔 것인데, 이것은 음택인 묘소가 가져야 할 배산임수의 기본 골격을 이루는 중요한 요소 중의 하나기 때문이다. 무덤에서 시신이 들어가는 자리를 혈(穴)이라고 하는데, 혈의 뒤쪽에서 동쪽으로 뻗어내린 좌청룡과 서쪽으로 뻗어내린 우백호가 둘러싸고 있는 곳을 내명당이라 한다. 내명당은 넓고 평탄하고 원만해야 하며, 좁고 경사지거나 비뚤어지면 좋지 않다. 내명당의 바깥 부분을 외명당이라 하는데, 내명당과 외명당 사이를 왼쪽에서 오른쪽으로 물이 흘러나가야 좋은 무덤 자리가 된다는 것이다. 내명당과 외명당 사이를 흐르는 개천이 바로 인간이 사는 바깥세상과 신이 사는 안쪽세상을 갈라놓는 경계가 되는데, 이 물을 건너는 순간 신의 세계로 들어갔다는 것을 의미한다. 그러므로 이 개천은 배산임수라는 풍수지리설의 기본 요소에 해당되기도 하지만 신의 영역을 지키고 보호하면서 아무나 접근하지 못하도록 하는 구실을 하므로 궁궐의 정문이나 왕릉의 입구 등에 있는 물을 금천이라 불렀고, 그 위를 건너는 다리를 금천교라고 하게 된 것이다. 따라서 금천교는 임금과 왕비가 계시는 궁궐과 그들이 묻혀 있는 능의 입구에 반드시 놓여야 하는 필수적인 것이었다.

경복궁 정문 앞에 있는 영제교(永濟橋), 창덕궁 정문 앞에 놓인 금천교, 창경궁 정문에 있는 옥천교(玉川橋) 등이 모두 금천교에 해당되는 다리고, 태조 이성계의 묘소인 건원릉(健元陵)을 비롯해 20여 기에 이르는 조선시대 왕과 왕비의 능 입구에 있는 다리가 바로 이런 구실을 한다.

조선을 건국한 태조 이성계의 묘소인 건원릉은 경기도 구리시 인창동에 있는데, 이곳에는 조선의 역대 왕과 왕비의 능 아홉 기가 있어서 동구릉(東九陵)이라고도 불린다. 동구릉은 다섯 기의 능이 있는 서울 서쪽 서오릉(西五陵)과 더불어 조선시대의 대표적인 왕릉군으로 꼽힌다. 그중에서 태조를 모신 건원릉의 기본적인 능제는 고려시대 공민왕의 현릉(玄陵)을 따르고 있지만 세부적인 부분에 있어서는 새롭게 추가되거나 변화를 시도한 것들이 상당수 있다.

조선시대의 능은 왕과 왕비 중 한 분만을 모신 단릉(單陵), 왕과 왕비를 한 봉분에 나란히 모신 쌍릉(雙陵), 왕을 중앙에 모시고 왕비와 계비(繼妃)를 좌우로 나란히 모신 삼연릉(三連陵), 서로 다른 봉분에 왕과 왕비, 그리고 계비를 모신 동원이강릉(同原異岡陵), 왕과 왕비, 그리고 계비를 하나의 봉분에 모신 합장릉(合葬陵) 등으로 구분하는데, 태조의 건원릉은 단릉에 해당된다. 건원릉은 봉분이 높고 웅장한데, 봉분을 보호하기 위해 심어 놓은 풀이 잔디가 아니라 억새인 것이 여느 왕릉과 다르다. 그 이유는 고향을 그리워하여 그곳의 억새로 봉분을 덮어 달라는 태조의 유언에 따라 함경도 영흥의 억새를 가져와 심어서 다른 풀이 살지 못해 그런

동구릉의 건원릉 입구에 놓인 금천교

것이라고 알려져 있다.

봉분의 양옆과 뒤의 삼면에는 일정한 높이의 담을 쌓았는데, 이 것을 곡장(曲墻)이라고 한다. 곡장은 건원릉에 처음 나타난 이래 조선시대의 다른 능제에 그대로 답습되었다. 봉분의 밑 부분인 기부는 십이각으로 된 호석, 즉 병풍석을 쌓았는데, 각각의 중심에는 태극이 있는 방울이나 공이 모양의 무늬를 좌우에 양각하였다. 또한 각 면에는 뭉게뭉게 피어나는 구름 무늬인 와운문 속에 머리는 동물이고 몸은 사람 모양을 한 수관인신의 십이지신상을 양각으로 새겨 넣었다. 병풍석 둘레에는 12개의 돌기둥인 석주를 세우고 석구와 석주 사이에 12개의 동자석주를 놓은 다음 24개의 죽석(竹石, 돌 난간의 기둥 사이에 동자석을 받쳐서 건너지른 돌)을 걸쳐놓았다. 석주 밖에는 돌로 만든 호랑이인 석호와 돌로 만든 양인 석양을 각각 넷씩 엇바꾸어서 밖을 향하도록 함으로써 봉분을 보호하는 수호신의 구실을 하도록 했다.

또한 봉분 앞에는 혼백이 깃드는 혼유석(魂遊石)이 있으며, 그 앞에는 장명등이 있고, 무덤을 지키는 기능을 하는 석조물인 망주석이 양쪽에 하나씩 서 있다. 무덤의 바깥이라고 할 수 있는 곡장의 아래쪽에는 무덤을 향해 손을 모으고 읍하고 있는 형상의 문인석과 무인석이 양쪽으로 서 있는데, 그 뒤에는 각각 한 마리씩의 마석(馬石)이 서 있다. 그 아래에는 능에 제사를 올리기 위해 지은 정자각이 있는데, 이것은 제실이라고 할 수 있는 정전과 신에게 배례를 올릴 수 있는 배전이 '정(丁)' 자 모양을 하고 있다. 능 주인의 일생과 업적을 기록한 신도비를 넣어놓은 비각은 정자각의 동쪽에 세웠고, 능을 지키는 사람이 기거하는 수복방을 비롯해 제수를 준비하는 수라간을 두었다. 그 아래쪽으로는 신성한 구역을 참배하는 길이 시작되는 참도(參道)가 있는데, 참도가 시작되는 곳 가운데에는 태극문양을 중심으로 하여 좌우대칭으로 배치된 '산(山)' 자 모양의 홍살문이 있다.

한양의 바깥에서 좌청룡을 이루는 용마산에서 망우령, 검암산으로 이어지는 산줄기 중에서 가장 북쪽에 위치한 검암산 아래에 자리한 건원릉은 중국 사신이 보고 감탄할 정도로 명당이었다. 그런데 태조의 능을 이곳으로 정하게 된 이유는 역사적인 기록을 살펴보면 제각각이다. 『조선왕조실록』에 의하면 태조는 생전에 사랑했던 신덕왕후의 묘소가 있는 정릉에 함께 묻히길 원했지만, 선덕왕후와 사이가 매우 좋지 않았던 태종이 태조의 뜻을 어기고 한 달이 넘는 시간을 들여 마련한 곳이 바로 현재의 건원릉 자리라고 한다.

그러나 세간에 전해오는 이야기와 개인 문집을 살펴보면 조금 다르다. 생전에 태조는 자신이 묻힐 능 차리를 미리 봐두었다고 하는데, 여기서 잠깐 망우리 고개라는 명칭이 생기게 된 민간의 전설을 알아보자. 고려를 무너뜨리고 조선을 세운 다음 한양으로 도읍을 옮긴 이성계는 태종이 왕위를 물려받자 무학대사를 데리고 이곳저곳을 유람하면서 자신의 무덤자리를 찾는 일을 게을리 하지 않았다. 그러다 지금의 건원릉 자리를 보니 천하의 명당인지라 그곳을 천년 집으로 정했다. 한양으로 돌아가는 길에 지금의 망우리 고개에서 잠시 쉬게 된 태조는 무학대사에게 말했다.

"내가 죽어서 들어갈 자리를 잡았으니 이제는 근심을 잊어버릴 수 있게 되었네 그려."

태조가 '근심을 잊는다'고 말한 데서 망우리(忘憂里)라는 말이 생기게 되었다는 것이다. 이와 비슷한 이야기가 숙종 시대의 학자 송시열이 지은 『송자대전(宋子大典)』에도 나온다. 그가 올린 상소 내용은 이렇다.

태조 대왕께서 처음 나라를 세우고 승려 무학과 함께 몸소 당신이 묻힐 장소를 살아 있을 때 미리 만들어두는 무덤인 수장(壽藏)을 점지하였으니, 건원릉이 바로 이것입니다. 태조대왕께서 말씀하시기를 '자손들이 들어갈 수 있는 묏자리가 12등성이나 뻗쳤으니 앞으로는 내가 근심을 잊을 수 있겠다'고 했기 때문에 서쪽으로 뻗친 산등성이를 망우리라고 불렀으니 건원릉이 있는 이곳이 바로 좋은 명당자리라는 것을 알 수 있습니다.

바로 여기서 '망우리'가 유래했다고 밝히고 있다. 또한 고려 때의 사람으로 이성계를 도와 조선을 세우는 데 큰 공을 세워 개국공신 1등에 오른 남재가 지은 『귀정유고(龜亭遺稿)』에도 비슷한 이야기가 있다. 남재는 조선 개국공신 1등에 올랐다가 왕자의 난이 일어날 때 이방원에게 죽임을 당한 남은의 형이기도 한데, 그의 문집에는 다음과 같은 내용이 있다.

태조께서 건원릉을 이미 정하고 난 뒤에 남재와 함께 고개에 올라 휴식을 취하면서 그곳의 이름을 망우리라 한 다음 그 아래에 있는 사람들과 논밭을 모두 그에게 하사했다. 태조께서 무학대사를 데리고 몸소 능 자리를 정할 때 명령을 내리기를, 먼저 점지하는 곳은 나라의 왕릉 자리로 잡고 다음으로 점지하는 곳은 남재에게 내리도록 하라고 했다. 무학이 먼저 주곡산을 점지하고 다음으로 망우리 산을 점지했다. 태조께서 남재와 함께 앞 고개에 쉬면서 말하기를 '망우리 산은 혈 자리와 산기슭이 많으니 나라에서 오래오래 쓸 수 있는 땅이다. 그러므로 이곳의 이름을 망우리라고 하노라' 고 하신 다음 주곡산을 남재에게 내려 왕릉을 돌보도록 했다.

민간에 전해오는 이야기와 여러 기록들로 볼 때 건원릉 자리는 태조가 생전에 이미 정해놓은 것으로 보는 게 합당하다.

동구릉 자리가 조선 최대의 왕릉 군락지가 된 것은 모두 건원릉이 있기 때문인데, 홍살문 앞을 흐르는 물이 바로 금천이고, 이곳을 건너는 다리가 금천교다. 창덕궁의 정문 앞에 높여 있는 금천교는 넓고 큰데다 화려한 모양을 하고 있는 반면, 능 앞에 있는 금천교는 규모가 아주 작고 초라하다. 하지만 작고 초라하다고 해서 이 다리를 무시할 수는 없다. 능 앞에 놓여 있는 금천교는 명당의 조건을 충족시킨다는 명당수와 신의 영역과 인간의 영역을 나누는 상징적인 의미가 있기 때문이다.

건원릉에 놓여 있는 금천교의 재료는 화강암인데, 개울의 양쪽에 3단으로 쌓아서 만든 석축을 지대석인 받침돌로 하여 교각이 없는 상태에서 교대 위에 긴 장대석을 걸쳐 놓은 간단한 형식으로 되어 있다. 다리 상판은 가로가 6.3m에 세로가 2.5m인데, 길이가 약간씩 다른 장대석 10개를 사용하여 구성했다. 상판을 구성하는 부재의 크기는 대략 가로가 2.2~2.25m고, 세로가 0.45~0.9m며, 두께는 0.23m로 다양한 차이를 보이고 있다. 그리고 네 모퉁이에는 엄지기둥이 하나씩 설치되어 있다. 이처럼 왕릉 앞에 설치된 금천교는 규모도 작고 화려하지도 않지만 신과 인간의 영역을 나누고 잇는 구실을 한다는 점에서 문화적으로 매우 중요한 다리다.

승계와 속계를 잇고 나누는 승선교

신라 말과 고려 초에 살았던 도선국사(道詵國師)는 풍수지리설을 발전시켰다. 풍수지리설에서 중요하게 여기는 배산임수는 후대로 가면서 우리 민족의 주거문화와 장묘문화, 사찰문화 등에 큰 영향을 미쳤다. 이 원리는 지금까지도 우리 문화에서 차지하는 비중이 매우 크다. 하늘을 찌를 듯이 높이 솟은 고층건물과 아파트 등에는 그 원리를 그대로 적용하기 어렵지만 독립주택이나 장묘문화 등에는 상당한 영향력을 가진다. 알게 모르게 우리의 의식과 행동에 그 힘을 행사하고 있기 때문이다.

　풍수지리설의 영향력은 과거에는 더욱 강했는데, 오래된 전통가옥이나 궁궐, 왕릉과 무덤 등은 어김없이 배산임수라는 기본 원리를 충실히 따르고 있다는 점에서 이를 확인할 수 있다. 우리 문화에서 뿌리가 가장 깊은 종교라고 할 수 있는 불교 역시 이 범주를 벗어나지 않는다. 부처와 인간이 만나는 공간이라고 할 수 있는 사찰의 뒤에는 산을 두고, 앞에는 물을 끼고 있는 입지 조건을 반드시 갖추고 있기 때문이다. 부처의 법신(法身)이라고 할 수 있는 사찰과 인간이 머무는 세상은 일반적으로 사찰 앞을 흐르는 개울을 경계로 구분하기 때문에 물의 의미는 대단히 크다고 할 수 있다. 물은 우주에 존재하는 모든 사물을 끌어안을 수 있는 포용력을 가질 뿐만 아니라 어떤 사물이나 존재에 붙은 오물이나 나쁜 것을 깨끗하게 제거하기도 한다. 산속에서 나와 넓은 세상으로 흘러가는 사찰 앞의 개울물이야말로 우주만물을 보듬는 대자대비한 부처의 법력을 나타낼 뿐만 아니라 인간들이 속세에서 묻은 나쁜 것들을 씻어주기 때문에 그것이 가지는 상징적 의미가 클 수밖에 없다.

사찰 앞의 물은 승계와 속계를 나누기도 하고 잇기도 하면서, 속세의 인간들이 그것을 건너는 순간 청정한 존재로 거듭날 수 있게 한다. 이런 이유 때문에 이 물을 건너는 다리에는 각각의 특성에 따라 이름을 붙이니 금강교(金剛橋), 불이교(不二橋), 승선교(昇仙橋), 피안교(彼岸橋), 해탈교(解脫橋), 반야교(般若橋) 등이 그것이다. 이 다리들은 모두 사찰의 경내로 진입하는 초입의 물을 건너는 다리인데, 이곳을 지나면 비로소 승계로 들어가게 된다.

다리의 형태는 사찰의 규모와 성격 등에 따라 다양하게 나타나는데, 가장 일반적인 것은 무지개 모양을 한 홍예교(虹霓橋)다. 홍예교 혹은 홍교라고 하는 이 다리는 돌을 사용해 하나 혹은 둘 이상의 무지개 모양의 교각을 구축해 만든 다리로 궁궐 입구에 놓이는 다리나 무거운 것이 통행해야 하는 교통로 등에 적합한 형태며 세계적으로 가장 오랜 역사를 가진다. 사찰 입구에 놓인 홍예교 중

승계와 속계를 나누고 잇는 선암사 입구의 승선교

에는 전라남도 순천시 조계산 동쪽 기슭에 자리 잡은 선암사 입구의 승선교가 유명한데, 이 다리는 오랜 역사를 가지고 있는 데다 예술적 조형미를 갖추고 있어서 1963년 9월 보물 제400호로 지정되기도 했다. 다리 중에서 국보로 지정된 것은 벌교의 홍교, 창경궁의 옥천교, 선암사의 승선교, 흥국사의 홍교, 영산의 만년교, 고성 건봉사의 능파교, 고성 육송정의 홍교, 고막천 석교 등으로 그중에서 사찰의 다리면서 국보로 지정된 것은 선암사의 승선교와 건봉사의 능파교, 그리고 흥국사의 홍교가 전부다.

선암사의 승선교는 높고 넓은 모양의 홍예가 갖는 부드러운 곡선미와 아름다운 조형미가 뛰어난 것이 특징이다. 개울 양옆의 암반을 기단석으로 사용해 주변의 경관과 잘 어울린다. 하나의 홍예로 구성되어 있는 승선교는 선암사의 중건과 밀접하게 관련되는데, 조선 후기에 폐찰이 되다시피 한 선암사가 재건되면서 승선교도 함께 놓인 것으로 보인다.

기록에 의하면 선암사는 백제시대부터 있어 왔다. 백제 성왕 7
년인 529년에 아도화상이 암자를 짓고 이름을 해천사라 하였다.
그 뒤 신라 말에 도선국사가 현재의 선암사 자리에 사찰을 크게 중
창하였다. 전설에 따르면 어느 날 지리산의 성모천왕이 말하기를,
"그대가 만약 암자 세 곳을 창립한다면 삼한이 합해져서 하나의
나라가 되고 전쟁이 저절로 끝나게 될 것이다"라고 하면서 세 암
자를 세울 장소를 비밀스럽게 부탁했는데, 그 말을 따른 도선에 의
해 세워진 사찰이 바로 영암에 있는 용암사, 광양의 운암사, 순천
의 선암사였다고 한다. 선암사를 중창한 도선국사는 철불 하나와
보탑 2개, 부도 3개를 세웠는데, 그 뒤 고려시대에 들어와서 퇴락
한 것을 대각국사 의천이 다시 중창하여 천태종을 널리 전파하는
호남의 중심 사찰로 삼았다. 그 뒤로 선암사가 어떤 모습을 하고
있었는지에 대해서는 별다른 기록이 없다가 조선 중종 때 태어나
선조 때 조정 최고의 자리인 영의정까지 지낸 이산해가 남긴 『유
선암사기(遊仙巖寺記)』에 그에 대한 내용이 나와 있다.

수백 년 전에 이미 선암사는 폐찰이 되었는데, 어떤 사람이 조계
산에 들어갔다가 덩굴풀과 잡목이 우거진 곳에 무엇인가 불쑥 솟
아 있는 것을 우연히 발견했다. 거친 초목들을 베어내고 흙과 돌을
치우니 큰 규모의 사찰이 나타났다고 한다. 이러한 사실로 볼 때
선암사는 세종 때 선종과 교종으로 불교 종파를 폐합할 시기에 이
미 폐찰이 되지 않았을까 싶다. 그 후 정유재란으로 큰 피해를 보
았다가 조선 후기에 이르러서 약휴라는 승려에 의해 중창되면서
현재의 모습을 갖추게 된 것으로 보인다.

약휴는 17세기 후반기인 현종 때부터 영조 시대까지 활동한 승

려인데, 12살에 순천의 선암사에서 출가한 뒤 숙종 24년인 1698년부터 선암사에 있으면서 8년여에 걸쳐 사찰을 중창하는 과정에 원통전과 승선교 등을 설계하고 건조한 사람으로 이름이 높다. 원통전은 정면이 3칸이고, 측면이 3칸인 T자형 건물인데, 지붕 전면을 길게 돌출시켜 합쳐진 곳이 세 곳인 겹처마 팔작지붕으로 되어 있다. 건물 정면의 어칸에는 화려한 꽃창호를 달았고, 그 아래 청판에는 계수나무 밑에서 방아를 찧는 토끼와 파랑새가 그려져 있는데, 이런 모양은 선암사에 있는 전각 중에서 가장 개성적인 것이라고 할 수 있다. 불상을 안치하는 불단이 설치된 본당인 내진과 기도를 올리는 외진으로 나뉘어져 있는데, 여기에는 관세음보살이 봉안되어 있다.

원통전에 관세음보살을 모시게 된 데에는 하나의 전설이 전해온다. 약휴 스님은 사찰을 중창할 때 관세음보살을 친견하기 위해 바람(願)을 세우고, 조계산의 장군봉이 있는 배바위에서 백일 동안 지극정성으로 기도를 올렸다. 백일기도를 마쳤는데도 관세음보살이 끝내 나타나지 않자 자신의 기도가 부족한 것으로 생각한 그는 스스로 목숨을 끊으려고 바위절벽 아래로 몸을 던졌다. 이때 갑자기 코끼리를 탄 여인이 하늘에서 내려와 그를 받아서 배바위에 도로 올려놓고는 홀연히 사라졌다. 목숨을 건진 약휴는 순간 이 여인이 관세음보살인 것을 깨달았고, 원통전을 지어 그가 친견한 관세음보살의 모습대로 불상을 조성하여 봉안하였다.

이러한 사연을 가지고 있는 원통전에는 조선 제23대 임금인 순조가 친필로 써서 하사한 '인(人)', '천(天)', '대복전(大福田)'이라고 쓴 현판이 걸려 있는데, 여기에도 특별한 사연이 있다. 왕세자인 문효세자가 어린 나이에 세상을 떠나자 대를 이을 자손이 없어서 정조는 크게 고민했는데, 후궁으로 들어온 수빈 박 씨의 회임을 위해 선암사에서 백일기도를 올리도록 했다. 이에 눌암이란 승려는 원통전에서, 해붕이란 승려는 대각암에서 기도를 올렸다. 기도를 올린 지 1년이 조금 지난 때인 1790년 6월에 순조가 태어났다. 왕세자의 탄생을 크게 기뻐한 정조는 눌암에게 국일도대선사대각등계홍제존자(國一都大禪師大覺登階弘濟尊者)라는 조선 최고의 칭호와 상을 내렸다. 그리고 후에 순조는 그 은혜에 보답하기 위해 친필로 쓴 편액을 하사했던 것이다.

약휴는 원통전을 중창할 때 승선교를 함께 지은 것으로 보이는데, 이러한 사실은 선암사승선교비(仙岩寺昇仙橋碑)에 기록되어 있다. 승선교비에 의하면 약휴는 1698년부터 1707년까지 8년여에 걸쳐 선암사를 중창하였는데, 이것이 끝나자 곧바로 승선교 중수에 들어간 것으로 보인다. 비문에 의하면 승선교는 숙종 33년인 1707년 12월에 공사를 시작했는데, 홍수로 인해 중단되기도 했지만 1713년 2월에 공사를 마치고 3월에 승선교비를 세운 것으로 되어 있다. 이러한 사연을 지니고 있는 승선교는 화강암을 사용해 아름다운 무지개 모양을 한 하나의 홍예로 이루어져 있다. 다리의 기단 부분은 크고 육중한 돌을 사용해 홍예를 받쳐주는 구실을 하는 지대석이 별도로 설치되지 않은 것이 특징인데, 물이 흐르는 계곡 양편의 자연암반을 지대석으로 사용하고 있기 때문이다. 지대석으로 이용된 자연암반은 인공적으로 놓은 홍예대보다 크고 견고하기 때문에 홍수가 나더라도 급류에 쓸려갈 염려가 없어서 영구적이다. 다리의 핵심을 이루는 홍예의 결구 방법은 선암교보다 약간 늦게 축조된 벌교에 있는 홍교와 비슷한데, 크고 길게 다듬어진 장대석을 홍예의 아랫부분에서부터 종으로 연결하여 무지개 모양이 되도록 쌓아서 다리의 무게를 견딜 수 있도록 하였다. 그 짜임새가 정교하고 곡선 처리가 너무 잘 되어 있어서 밑에서 올려다보면 부드럽게 조각된 둥근 천장을 보는 듯한 느낌을 가질 정도다. 크고 둥근 홍예 양쪽의 낮은 공간에는 자연석을 쌓아올려서 석벽을 이루도록 하고 그 윗부분에는 돌을 쌓았는데, 모두 주변 시내의 돌을 이용한 것이다.

또한 홍예의 한복판에는 홍예종석이 있는데, 아래쪽을 향하여 용머리 모양으로 조각한 돌이 돌출되어 있다. 홍예교는 이 홍예종석에 의해 다리의 무게중심이 지탱되기 때문에 이것은 가장 중요한 구성요소가 된다. 그렇기 때문에 홍예종석은 용의 머리나 귀신의 머리를 닮은 조각물로 만들어서 다리를 보호하도록 함과 동시에 다리를 통해 나쁜 잡귀가 들어오는 것을 막는 방편으로 삼았던 것이다. 선암사에 전해오는 이야기에 따르면 승선교 다리 아래에 튀어나와 있는 용머리의 입에는 엽전 세 닢이 매달려 있다고 한다. 약휴 스님이 다리를 완성하고 보니 다리를 중수한 뒤 엽전 세 닢이 남았는데, 이 돈은 공금인지라 다른 곳에 쓸 수가 없어 용 조각의 입에 매달았다는 것이다. 지금도 녹슨 엽전이 매달려 있는데, 너무 작아서 자세히 들여다보지 않으면 알아보기 힘들 정도다. 약휴 스님의 이러한 청렴함이야말로 국민세금으로 충당되는 국고를 눈먼 돈쯤으로 생각하는 사람들에게 귀감이 될 수 있을 것으로 보인다.

다리의 상판은 주변의 잡석을 사용하여 평평하게 한 다음 그 위에 흙을 깔아서 다시 한번 고름으로써 사람과 물자가 통행할 수 있도록 했다. 다리 아래로 내려가서 아름답고 웅장한 홍예 사이에서 위쪽을 보면 더욱 놀라운 광경이 나타나는데, 강선루(降仙樓)라는 이름을 가진 날아갈 듯한 누각이 주변의 환경과 절묘하게 어우러

져 정말로 신선이 내려올 듯 아름다운 모습을 연출하고 있기 때문
이다.

왕이 계신 곳을 지키는 궁궐의 금천교

궁궐은 왕권국가 시대에 한 나라의 최고 권력자인 임금과 그의 가
족 및 생활을 돌보는 사람들이 살면서 통치하는 곳을 통틀어서 지
칭하는 말이다. 궁궐은 궁(宮)과 궐(闕)의 합성어인데, 옛날에는 거
주하는 장소를 모두 궁이라고 했으나 중국이 절대왕권체제를 갖춘
진한(秦漢)시대 이후로는 임금이 거처하는 곳만을 지칭하는 말이
되었다.

　중국 역사상 최초로 전국을 통일한 진시황은 일반인과 구분해서
제왕과 관련된 것으로만 쓰도록 하는 제도와 언어를 많이 만들었
다. 임금이 자신을 지칭할 때 쓰는 짐(朕)이나 궁(宮) 같은 것이 그
좋은 예가 된다. 진시황 이전에는 ‘짐’ 이란 말은 자기 자신을 지칭
하는 것으로 썼던 것인데, 진시황은 제왕이 자신을 지칭할 때 외에
는 쓰지 못하도록 금지했고, 그 후로는 임금만이 이 말을 쓰는 것
으로 굳어졌으며 ‘궁’ 이란 말도 임금이 거처하는 곳이라는 뜻으로
만 쓰이게 되었던 것이다. ‘궐’ 은 임금이 사는 궁에 들어가는 정문
의 양옆에 높다랗게 세운 두 개의 망루를 가리키는 말이다. 궐 중
앙에는 궁으로 들어가는 길이 있는데, 그 주변은 모두 높은 성곽으
로 둘러싸여 있기 때문에 ‘궐’ 은 궁궐의 외부 모양을 일컫는 것이
되었고, ‘궁’ 은 임금이 사는 내부를 지칭하는 것이 되었다. 그렇게
하여 궁과 궐을 합친 궁궐이 일반명사로 쓰이게 된 것이다.

조선시대 궁궐의 석교 중 가장 오래된 다리인 창덕궁 금천교

궁궐은 국가의 주인인 제왕과 관련된 모든 것을 지칭하는 곳이기 때문에 한 나라의 중심이 된다. 궁궐은 한 나라의 중심, 즉 권력의 중심이기 때문에 아무나 함부로 출입할 수 있는 곳이 아니다. 그런 이유로 궁궐 전체는 높은 담장에 둘러싸여 있고, 정문에는 출입자를 감시하는 망루와 더불어 여러 개의 문이 있으며 문과 문 사이에는 안으로 들어가기 위해 반드시 건너야 하는 다리가 있다. 다리 아래에 흐르는 물은 임금이 계시는 곳을 명당으로 만들어주는 조건 중의 하나인 명당수(明堂水)인데, 이 물을 건너는 다리가 바로 궁궐의 내부로 들어가는 중요한 관문이 된다.

조선시대에 만들어진 여러 궁궐의 정문 앞에 놓여 있는 이 다리는 해당 궁궐의 명칭에 따라 이름이 약간씩 다르기는 하지만 이것들을 통칭하여 금천교라고 일컫는다. 왕이나 왕비의 무덤인 능의 입구에 놓인 다리도 금천교라고 하는데, 금지구역을 표시한다는 점에서는 같은 구실을 하지만 신의 세계와 인간의 세계를 가르는 표식이 된다는 점에서 궁궐의 다리와 구별된다. 금천은 하늘의 명을 받아 세상을 다스리는 존재인 임금이 계시는 곳과 일반 백성들이 사는 곳을 나누는 물이라는 뜻과 함께, 금천의 너머에 있는 공간에는 누구도 함부로 들어갈 수 없는 신의 영역이라는 의미를 가지고 있다. 그러므로 금천을 건너는 다리 역시 일반 백성들이 함부로 건널 수 없었다.

조선 오백 년 역사에서 궁궐로 조성된 것은 조선의 법궁(法宮)으로 나라의 중심인 정궁 경복궁을 비롯하여, 경복궁의 동쪽에 있다고 하여 동궐로 이름 붙여진 창덕궁, 창덕궁의 부족한 부분을 채워주는 구실을 하였던 창경궁, 임진왜란 후에 임금이 임시로 정무를 보기 위해 지었던 덕수궁 등을 들 수 있는데, 덕수궁은 정식 궁궐이 아니었기 때문에 다른 세 궁궐에 비해 역사적 가치가 적은 편이다. 네 곳의 궁궐 입구에는 모두 다리가 놓여 있는데, 경복궁 입구에 놓인 다리는 영제교(永濟橋), 창덕궁은 금천교(錦川橋), 창경궁은 옥천교(玉川橋), 덕수궁은 금천교(禁川橋)라는 이름으로 불린다.

경복궁의 가장 외곽 정문은 광화문인데, 이 문을 들어섰을 때 바로 보이는 또 하나의 문인 홍례문을 지나면 궁의 서쪽에서 동쪽으로 흘러나가도록 되어 있는 인공으로 만든 물길인 금천이 나오고, 그 위를 건너는 다리가 영제교다. 그러므로 영제교는 경복궁의 중문인 홍례문과 외전의 정문인 근정문 사이에 있는 다리가 된다. 또한 별궁이기는 하지만 가장 오랫동안 왕이 머물렀던 창덕궁의 정문인 돈화문과 중문인 진선문 사이를 흐르는 물 위에 놓인 다리가 금천교인데, 조선시대의 궁궐 안 돌다리 가운데 원형이 보존된 것으로는 가장 오래된 것이다. 창경궁의 정문인 홍화문 안쪽에는 대궐에서 흘러나오는 개천인 어구(御溝) 위에 설치한 다리가 하나 있으니 바로 옥천교가 그것이다. 덕수궁은 궁궐로서의 면모를 갖춘 것이 조선 말기인 고종 때고, 그 후 많은 변화를 겪었기 때문에 궁으로서의 의미가 크지는 않다. 정문이 남문에서 동문으로 옮겨지면서 지금의 모습을 갖추게 되었고, 금천교도 동문이 정문이 된 대한문 안쪽에 만들어졌다.

조선시대 궁궐 중 네 곳에 금천교가 남아 있지만 그중 덕수궁은 궁궐로서의 구실을 제대로 하지 않았기 때문에 별개로 친다면 세 개의 다리를 궁궐의 돌다리로 볼 수 있을 것이다. 임금이 거처하는 공간인 궁궐은 크게 봐서 궐문에서 궁궐의 문인 전문(殿門)에 이르는 외조(外朝) 구역과 임금이 국정을 보살피는 정전(正殿)이 있는 치조(治朝) 구역, 그리고 왕실의 사생활 공간이 되는 침조(寢朝) 구역으로 나눌 수 있는데, 외조 구역은 궁궐과 바깥이 소통하는 공간이고 임금을 비롯해 조정 신하들이 드나드는 출입구가 되기 때문에 왕실의 격식에 맞도록 잘 갖추어져 있다. 외조 구역에 설치된 통로를 어도(御道)라고 하는데, 중앙과 양옆의 세 부분으로 구획을 나누어 놓은 삼도(三道)로 되어 있다. 중앙은 임금이 통행하는 곳으로 좌우의 통로보다 한 단 높게 설치되어 있어서 왕과 신하의 길을 확연히 구분하고 있다. 외조의 중앙을 가로지르는 물이 바로 어구고 여기에 놓인 다리가 금천교기 때문에 이 다리 역시 어도와 같은 구조로 되어 있다. 궁궐의 어구에 놓인 금천교는 위엄과 격식, 조형미 등을 잘 보여줄 수 있도록 만들어야 하기 때문에 다양하고 화려한 장식을 한 홍예 형식의 돌다리로 축조되었고, 다리 양쪽에는 화려한 무늬를 수놓은 난간이 설치되고 다리의 교각에도 여러 가지 조각을 장식했다. 이처럼 궁궐의 돌다리는 다른 다리와는 비교할 수 없을 정도로 규모가 크고 화려한 것이 특징이다.

임금이 행차하는 것을 어가(御駕)라고 하는데, 이때는 임금과 왕비가 탄 수레와 함께 다양한 행렬이 따르기 때문에 금천교의 폭도 상당히 넓어야 했다. 세 곳의 금천교 중에서 다리의 폭이 가장 넓은 것은 창덕궁의 금천교인데, 영제교의 10.5m와 옥천교의 6.32m보다 훨씬 넓은 12.5m로 되어 있다. 다리의 길이는 영제교가 13.2m고, 옥천교가 9.9m로 13m인 금천교와 비슷한 편인데, 넓이에 있어서 금천교가 으뜸인 것을 보면 창덕궁이 궁궐로서 더 큰 의미를 가졌던 것으로 보인다. 다리의 위치도 세 개의 다리가 각각 다른 특징을 가지는데, 경복궁의 영제교는 남쪽인 광화문에서 들어와 서쪽에서 동쪽으로 흐르는 어구를 건너 곧바로 근정전으로 들어가도록 되어 있으나, 창덕궁의 금천교는 남쪽에서 정문을 거쳐 들어가는 방식은 같으나 곧바로 동쪽을 향해 수직으로 꺾어서 북에서 남으로 흐르는 금천을 건너도록 되어 있다. 또한 창경궁의 옥천교는 경복궁과 마찬가지로 곧바로 직선으로 임금이 계신 정전으로 들어가는 구조로 되어 있으나 어구인 옥류천이 북쪽에서 남쪽으로 흐르도록 되어 있어서 정문인 홍화문이 있는 동쪽에서 서쪽을 향해 건너서 정전인 명정전으로 가도록 되어 있다.

궁궐의 석교는 장엄할 정도로 위엄이 있는 어가의 무게를 견딜 수 있으면서도 화려함과 조형미를 함께 갖춰야 하기 때문에 모두 홍예교로 만들었다. 경복궁과 창덕궁과 창경궁의 다리 역시 모두 홍예교인데, 창덕궁의 금천교가 가장 오래된 것으로 알려져 있다. 궁궐의 석교는 두 개의 홍예로 이루어져 있으며, 다리의 축조 방식은 다음과 같다.

창덕궁의 북쪽에서 나와 남으로 흐르는 어구 물가에는 화강석으로 6~7단을 가지런하게 쌓은 축대를 설치하였고, 바닥에는 돌을 깔아서 토사가 쌓여 다리의 밑바닥이 높아지는 것을 방지하도록 하였다. 다리는 그 위에 놓았는데, 홍예를 만들 마사토 지정층(地釘層) 위에 20~40cm 크기의 잡석을 깔아 홍예의 기초가 되는 적심석(積心石)으로 삼은 다음, 그 위에 폭 30cm, 너비 120cm 정도의 장대석을 2단으로 쌓아 홍예의 기초가 되는 선단석(扇單石)으로 삼았다. 적심석과 장대석 사이에는 틈이 벌어지는 것을 막기 위해 잘게 깬 돌과 모래를 섞은 모래반죽을 3~5cm의 두께로 깔아 넣어서 현대 건축의 콘크리트와 같은 구실을 하도록 했다.

그런 다음 그 위에 홍예돌을 무지개 모양으로 쌓아 올려 다리의 교각이 되도록 했다. 이렇게 설치된 두 개의 홍예 위에는 장대석 모양의 멍에돌을 얹어 다리의 형태를 완성했다. 다리의 윗부분은 중앙이 불룩한 부드러운 곡선이 되도록 했는데, 어도의 격식에 맞도록 삼도로 구분했다. 길고 큰 설경돌을 세로로 놓은 다음 시렁돌을 촘촘히 가로로 깔았다. 중앙의 어도는 한 단 높게 만들어서 임금이 다니는 길임을 표시했고, 다리의 양쪽 가장자리에는 돌난간을 세워 행렬을 보호하는 구실을 하도록 했다. 다리의 난간은 연화보주형(蓮花寶珠形)으로 머리 부분을 장식한 장대석을 엄지기둥으로 세운 다음 그 사이에 장판석을 끼워서 완성했다.

난간두겁대(난간에 일정한 간격으로 칸막이한 짧은 기둥인, 난간동자 위에 가로로 대는 나무)를 받치는 장판석은 통돌을 사용했는데, 연잎 모양을 한 하엽동자기둥(荷葉童子柱) 모양의 돋을새김을 하였다. 장판석은 이것을 중심으로 하여 2칸으로 나뉘어 있으며, 각 칸마다 8각의 단면 형태를 지닌 돌난대에 네 개의 잎이 붙어 있는 모양을 한 안상으로 장식하였다. 또한 묘사할 대상의 윤곽만 남겨놓고 나머지 부분은 파서 구멍이 나도록 만드는 뚫림새김(透刻) 수법을 사용했다. 장판석의 중간에는 연꽃 모양의 구멍을 뚫어 바람이 통하도록 하는 풍혈(風穴)을 만든 것이다. 법수석주와 난간주석(난간석)을 좌우로 배치하여 장판석을 끼운 이런 모양의 난간은 모두 다섯 칸으로 되어 있다.

궁궐의 석교 중 가장 오래된 창덕궁 금천교는 경복궁의 영제교나 창경궁의 옥천교와 비교해 볼 때 세부적인 장식에 있어서도 약간의 차이를 보이고 있다. 경복궁의 영제교는 다리 난간의 엄지기둥 네 개 위에 몸은 용이고 머리는 사자인 석수(石獸) 네 마리를 세워놓은 것은 같으나, 다리 아래를 통해 들어오는 나쁜 기운을 막기 위해 남북의 어구 석축 양옆에 각각 한 마리씩의 석수를 설치해놓았다. 이것 역시 천록으로 잡귀를 물리치는 벽사의 기능을 한 것으로 보인다. 이 석수는 어구 쪽을 노려보고 있는 것으로 보아 다리 밑을 통해 들어오는 잡된 것들을 지키는 구실을 하는 것으로 보인다. 온몸이 비늘로 덮여 있고 눈을 부릅뜬 용맹스런 모양을 하고는 있지만 혓바닥을 날름하는 매우 익살스런 표정을 짓고 있어서 보는 사람에게 웃음을 자아내게 하는 해학미를 가진 조형물이라는 점이 특이하다. 일본군을 따라 종군했던 일본인 승려가 남긴 『조선일기』에 의하면 다리 아래를 지키는 석수는 원래 16마리였다고 하는데 지금은 네 마리만 복원되어 있다. 안타깝게도 새로 복원된 영제교는 양옆의 신도에 비해 한 단 높았던 어도의 높이를 평평하게 함으로써 어도의 본래 모습을 잃어버렸다. 또한 홍예의 크기는 폭과 높이가 같은 비율이 되도록 하는 것이 보통인데, 복원된 영제교의 홍예는 높이가 낮게 되어 매우 엉성한 모습이 되어버렸다.

창경궁의 옥천교 역시 기본적인 구조는 거의 비슷하지만 난간의 엄지기둥 아래에 조각을 하지 않은 것이나 홍예대 아래에 거북이나 해태 같은 석수가 없어서 금천교에 비해 매우 소박한 모습이다. 세 곳의 궁궐 다리 중 경복궁의 영제교는 가장 후대에 복원된 데다 원형이 많이 훼손되어, 창덕궁의 금천교와 창경궁의 옥천교에 비해 문화적 가치가 떨어지므로 아쉬움이 남는다.

창덕궁의 금천교에는 엄지기둥 끝머리를 깎아서 모양을 낸 법수의 아래쪽에 멍에돌 자리에서 밖으로 돌출되어 있는 돌이 있다. 이 돌에 한 덩어리의 재료에서 물체의 모양 전부를 조각하는 수법인 환조의 방법으로 짐승머리 모양을 새겼는데, 이는 상상의 동물인 천록(天祿)의 머리로 추측된다. 돌출된 부분에 천록의 머리를 환조한 것은 영제교와 옥천교에서는 볼 수 없다. 또한 다리 아래쪽의 홍예와 홍예가 만나는 틈새에는 무서운 귀신 형상을 한 귀면형으로 된 벽사상(辟邪像)을 조각해 나쁜 기운이 들어오는 것을 막는 도구로 삼았다. 그 아래에 있는 홍예의 기단석 위에도 조각상을 놓았는데, 다리의 남쪽에는 해태상을, 북쪽에는 거북상을 놓아서 다리를 지키는 수호신으로 삼았다. 창덕궁의 금천교는 궁궐의 다리 중 가장 오래된 것이면서 화려하고 정교한 모습을 하고 있기 때문에 문화적 가치가 매우 높다고 할 수 있다.

서울의 치수를 위한 다리, 수표교

1392년 고려를 무너뜨리고 조선을 건국한 이성계는, 새로운 도읍에 새 왕조를 세우려고 궁궐이 있는 도성을 옮기는 천도를 서둘렀다. 하지만 중신들의 의견이 엇갈려 왕위에 오른 지 3년이 되던 해인 1394년이 되어서야 왕도를 개경에서 한양으로 옮길 수 있었다. 태조 3년인 1394년 11월 26일, 문무백관을 거느리고 개경을 출발해 3일 만에 도착한 이성계는 새 도읍지의 이름을 한성부(漢城府)로 고치고 오늘날 청와대 뒷산인 백악산 남쪽, 지금은 남산으로 불리는 목멱산 북쪽 땅에 5부 52방의 구획을 정해 도시 기반시설을 갖춘 서울을 만들었다.

새로운 왕조를 세우고 도읍지까지 한성으로 옮겼으나 초기에는 안정되지 못한 권력 구조 때문에 진통을 겪어야 했으니 정종에서 태종에 이르기까지 형제간에 서로 죽이는 피비린내 진동하는 골육상쟁이 벌어졌고 개경으로 다시 도읍을 옮기는 등의 우여곡절을 겪었다. 1405년에 다시 한성부로 환도한 후 점차 안정을 되찾으면서 수도로서의 면모를 갖추어나갔다.

새로운 수도로 정한 한성은 서쪽과 북쪽에 험준한 산이 가로막고 있으며, 남쪽과 동쪽에도 남산과 낙산이 둘러져 있어서 천혜의 요새기는 했지만 산의 골짜기에서 흘러내리는 시내 때문에 장마가 되면 늘 물난리를 겪어야 했다. 따라서 새로운 도읍지 한성에서 가장 시급한 도시 기반시설이 산에서 내려오는 여러 물길을 정리해 일사분란하게 흐르도록 하여 홍수를 막는 치수(治水) 사업이었다.

이 과정에서 청계천을 만들었는데, 여러 시내를 하나로 합쳐 한강으로 흘러가도록 인공으로 만들었다는 뜻에서 초기에는 개천(開川)으로 부르기도 했다. 청계천은 서울시 종로구에 있는 북악산과 인왕산의 부근에서 발원하여 종로를 중심으로 한 도심을 서쪽에서 동쪽으로 관통하여 한강의 지류인 중랑천으로 흘러드는 하천이다. 청계천의 상류는 경복궁의 서북에 있는 백운동 부근을 흐르는 청풍계천인데, 그 지류인 옥류동천과 누각동천이 합쳐진 다음 남산에서 발원하여 내려오는 것으로 남산의 북서쪽인 북창동에서 숭례문으로 나오는 물줄기와 남산의 북쪽인 초전동을 경유하여 내려오는 물줄기, 그리고 남산에서 나와서 중부동을 지나 내려오는 것 등 3개의 물줄기가 합쳐 이루어진다. 원래 처음에는 본류와 지류의 구별 없이 모두 합쳐서 개천 혹은 청풍계천이라 하던 것을 나중에는 청계천이라 부르게 되었다.

청계천의 물은 삼수구(三水口)를 나와 중랑천과 합친 다음 다시 서쪽으로 흐름을 바꾸어 한강으로 들어간다. 이러한 청계천을 열기 위해 태종은 일찍부터 공사를 시작했는데, 첫 작업은 태종 6년인 1406년 1월 충청도와 강원도의 장정 3천 명을 궁궐 수축에 투입했을 때 한성부의 일꾼 600명에게 개천을 파도록 했다. 3월에는 조정 관리들로 하여금 등급의 높고 낮음에 따라 일꾼을 보내도록 하여 또다시 개천을 파도록 했다. 그래도 안심할 수 없었던 태종은 이듬해 4월에 한성부의 건의를 받아들여 천변에 사는 사람들에게 양쪽 언덕에 둑을 쌓고 나무를 심도록 했다.

그러나 이 정도의 공사로는 홍수를 막을 수 없었다. 1407년과 1409년에 내린 폭우로 다리가 모두 유실되고 물에 빠져 죽는 사람까지 생기자 좀 더 근본적인 대책이 요구되었다. 고민에 고민을 거듭하던 끝에 태종 11년인 1411년 12월 14일 도랑을 여는 관청이라는 뜻을 가진 개거도감(開渠都監, '개천도감'이라고도 했음)을 설치해 이듬해인 1412년 1월 15일부터 공사를 시작하도록 명령을 내렸다. 이 공사에는 경상도, 전라도, 충청도 3도의 군인을 동원하였는데, 모두 52,800명이 동원되었다고 『왕조실록』에 기록되어 있다. 전체가 400만을 약간 넘었을 것으로 추정되는 당시 인구로 볼 때 이 숫자는 대단한 것이었음을 알 수 있다. 대규모 인원이 투입

된 엄청난 공사인데다 농사철이 오기 전에 일을 마쳐야 했기 때문에 공사는 빠른 속도로 진행되어 한 달여가 지난 2월 15일에 하천을 파는 작업이 모두 끝났다.

개천도감에서 아뢰기를 "이번 일은 성을 쌓을 때와는 달리 낮에는 일하고 밤에는 편히 자면서 작업했기 때문에 병들어 죽은 사람이 많지 않아서 64명밖에 되지 않습니다"라고 하였다. 도시의 중심을 흐르는 청계천이 완성되면서 한성은 홍수 피해를 줄일 수 있을 뿐만 아니라 도성으로서의 면모도 하나하나 갖추어 나갔다. 그래서 개천도감을 없애지 않고 이름을 행랑조성도감(行廊造成都監)으로 바꾸어 시전(市廛)을 건설하도록 하였다. 이렇게 되면서 한성의 중심이라고 할 수 있는 사대문 안은 청계천을 중심으로 남과 북으로 나뉘어 도시가 조성되면서 점차 도성의 모습을 갖추어 갔는데, 사람과 물자의 왕래를 원활하게 하기 위해 청계천에 다리를 놓아야 할 필요성이 대두되었다. 이런 사정으로 청계천에는 다리가 여럿 놓였는데, 대광통교(大廣通橋), 장통교(長通橋), 수표교(水標橋), 하량교(河良橋), 효경교(孝經橋), 태평교(太平橋) 등이 크고 유명했다.

그중 수표교는 비가 많이 올 때 물의 높이를 측정하기 위해 세운 수표석과 개천의 토사를 파내서 개천의 깊이를 일정하게 유지하는 준설 기록을 남긴 지표석(指標石) 등이 잘 보존되어 있는 유적이면서, 늠름하고 빼어난 미적 가치까지 지닌 청계천의 대표적인 돌다리다. 수표교는 원래 마전교(馬廛橋)라고 불렸는데, 이 근처에 마소를 사고파는 시장이 있어서 그렇게 불렀다고 한다. 이 다리는 조선 제2대 임금인 태종 6년인 1406년에 개천 위에 놓은 것인데, 처음에는 나무로 만든 다리였다. 그러다 세종 4년인 1422년에 목교

태종 6년에 청계천에 놓인 다리인 수표교. 수표교는 원래 마전교라 불렸는데, 수위를 측정해 홍수에 대비할 수 있는 수표석, 양수표 등이 있어서 수표교라 불리게 되었다.

에서 석교로 교체되어 튼튼한 돌다리로 거듭나게 되었다. 그 후 세종 23년인 1441년에는 다리 서쪽에 나무로 만든 양수표(量水標)를 세워 물높이를 재어 홍수에 대비하도록 한 데서 다리 이름도 마전교에서 수표교로 바뀌게 되었다. 성종 시대에 이르러서는 양수표 역시 돌로 된 것으로 바꾸어서 수위를 측정하는 기준으로 삼았다.

서울시에서 공식적으로 조사한 수표교의 크기는 다음과 같다. 다리의 길이는 최대 27.614m고, 최소 27.553m로 약 27.6m며, 너비는 최대 7.569m에서 최소 7.464m로 평균 7.5m다. 또한 다리의 높이는 중앙부의 가장 높은 부분이 약 3.4m고, 양쪽의 교대측은 2.46~2.61m여서 중앙부가 볼록한 곡선의 형태를 갖추도록 높이를 정교하게 맞춘 것으로 되어 있다. 보물 제838호로 지정된 수표석은 현재 세종대왕기념관으로 옮겨 보관하고 있다.

다리의 형태는 널다리 형식을 갖추고 있는데, 교각의 뼈대를 이루는 부재는 총 90개로 2단인데, 기둥의 아래는 거칠게 다듬질된 네모난 돌을 썼고, 위는 고르게 다듬은 네모난 돌을 써서 쌓은 것이 특징이다. 교각은 횡 방향 9행에, 종 방향 5열로 되어 있다. 교각과 교각 사이의 거리는 횡 방향이 약 2.6m고, 종 방향은 약 1.85m로 되어 있어서 횡 방향이 0.75m 정도 넓게 배치되었음을 알 수 있다. 또한 교각의 평면 형태는 종 방향으로 약간 틀어 마름모꼴로 설치함으로써 물의 저항을 최소화할 수 있도록 했다. 다리의 형태는 널다리인데, 교각 위에 대는 길쭉한 형태의 멍에석은 교각 상부에 종 방향으로 걸치고, 멍에석 기단의 맨 위층 모서리에 'ㄱ'자 모양으로 귀틀석을 횡 방향으로 걸쳤다. 시간이 지남에 따라 귀퉁이가 벌어지는 것을 막기 위함이다. 이처럼 귀틀석과 멍에석에 의해 교각의 상부가 종횡 방향 모두를 지탱하도록 하는 구조와 형식을 취하고 있다.

또한 귀틀석과 귀틀석 사이에는 다리의 최상부를 구성하는 상판석인 천판석(天板石)을 깔았는데, 이것은 길쭉한 장대석을 우물마루 깔 듯 끼워 넣어서 넉 줄로 만들었다. 한편 수표교에는 아름답게 장식한 난간석이 유일하게 설치되어 있는데, 이것은 민간 다리에서는 보기 드문 것이다. 다리의 양편에 정교하게 가공해서 깎은 난간석을 가장 끄트머리 외곽에 있는 귀틀석 상부에 세웠는데, 다리의 한편에 엄지기둥 11개를 세우고 그 사이에 동자기둥 1개씩을 세워 여섯 모로 된 난간석을 받치도록 설계했다. 난간석의 모양은 연꽃봉오리, 연잎 등으로 설계되어 있는데, 이것은 조선시대 난간석의 전형적인 방식으로 다리의 수려함을 돋보이도록 하는 효과가 있다.

현재 남아 있는 수표교는 장충단공원 안에 있지만 원래는 지금의 청계천 2가에 있었다. 청계천과 여러 다리가 건설되면서 한성부의 도심은 남산의 북쪽에 위치한 남촌과 청계천의 북쪽에 위치한 북촌으로 나뉘어서 발전하게 되는데, 수표교는 치안상 매우 중요한 다리였다. 성곽과 개천 등이 완성되고 관료를 비롯한 많은 사람들이 모여 생활하게 되자 한성부는 효율적인 치안을 위해 좌변칠패(左邊七牌)와 우변팔패(右邊八牌)로 구획을 나누어 순찰을 돌도록 했는데, 수표교에는 좌변칠패 중 제6패에 해당되는 종루(鐘樓)에서 오간수문(五間水門) 구간의 복처(伏處)가 설치된 곳이기도 했다. 복처는 도성의 중요한 길목에 설치한 초소로 야간에 순라군들이 고정적으로 지키는 곳을 말한다.

이처럼 수표교는 물자 유통과 사람 통행뿐만 아니라 치안상으로 중요한 곳이기도 했지만 더욱 주목을 받게 된 또 하나의 이유는 다리의 남쪽에 있던 영희전으로 가기 위해서는 반드시 이 다리를 건너야 했기 때문이었다. 영희전은 도성의 남쪽 동네인 훈도방(薰陶坊)에 있었던 남별전(南別殿)을 가리키는데, 태조, 세조, 원종의 영정인 어진(御眞)을 봉안한 곳이다. 조선 후기에 이르러서는 이름을 영희전으로 고치고 숙종, 영조, 순조의 영정을 더 봉안하여 제사를 지냈다. 조선을 세운 태조의 어진이 봉안되어 있던 곳이 바로 영희전이었기 때문에 정초, 한식, 단오, 추석, 동지, 섣달그믐 등이 되면 역대 임금들은 반드시 이곳에 들러 제사를 지내곤 했다.

임금이 수표교를 건너 영희전을 오가다 생긴 사건 중에서 역사에 남을 만한 것은 숙종과 장희빈 사이에 있었던 사연이다. 1680년 초에 청계천 남쪽에 있던 영희전에 참배하고 수표교를 지나 궁중으로 돌아오던 숙종은 수표교 북쪽 편에 위치한 장통방을 지나고 있었는데, 이때 마침 역관으로 엄청난 재물을 모아 한성 최고의 부자로 손꼽히는 장현의 집에 와 있던 장옥정이 문틈으로 행차를 내다보다가 임금과 눈이 마주쳤던 것이다. 이것이 인연이 되어 옥정 모친의 정부이기도 했던 조사석과 왕실의 종친인 동평군 이항의 주선으로 장옥정이 궁녀로 뽑혀 대궐로 들어오게 되면서 두 사람의 사랑이 시작되었던 것이다. 옥정은 인경왕후가 일찍 세상을 떠나자 숙원(淑媛)에 봉해지면서 대궐과 조정에 엄청난 피바람을 불러오는 장본인이 된다. 숙종과 장희빈의 불꽃 튀는 사랑으로 인해 수많은 사람들이 목숨을 잃는 엄청난 사건이 벌어졌는데 그 발단이 바로 수표교에서 일어났던 것이다.

이처럼 수표교는 역사의 질곡을 온몸으로 겪으면서 500년이 넘는 세월 동안 청계천을 지켜왔는데, 그 과정에서 여러 차례에 걸쳐 강에 쌓인 모래를 파내는 준천 공사를 겪기도 했다. 특히 영조 36년인 1760년에는 하천에 쌓인 토사와 강둑의 높이가 같아지면서 대대적인 준설 사업이 시행되었는데, 이때의 공사 기관과 진행 사항 등이 다리의 돌기둥과 『조선왕조실록』에 기록되어 있다. 이때 벌어진 준설 사업은 약 57일 동안 계속되었고 동원된 인부만 해도 20만여 명에 이르며, 훈련도감, 어영청 등이 구역별로 나누어 감독했다. 이때 수표교의 돌기둥에 '경(庚)·진(辰)·지(地)·평(平)'이라는 글자를 새겨 4단계로 물높이를 측정하도록 하였다. 그러다가 순조 때에 이르러서는 10단계로 세분화된 수표석을 다시 세우게 되는데, 표석의 양면에는 1척에서 10척까지의 눈금을 새기고 3, 6, 9척이 되는 높이에는 구멍을 파서 각각 '갈수(渴水), 평수(平水), 대수(大水)'라고 표시한 정교함을 보이고 있다. 보물 제838호로 지정된 이 표석은 순조 33년인 1833년 3월에 만든 것으로 홍릉에 있는 세종대왕기념관의 요청에 의해 1973년부터 그곳으로 옮겨 보존하고 있다.

하천의 준설이 끝난 뒤에는 수표교의 북쪽 언덕에 준천사(濬川司)라는 상설기관을 세워 청계천의 준설을 해마다 하도록 했다. 또한 서쪽의 귀틀돌에는 '무자년 금위영에서 다리를 고쳤다'는 뜻의 '무자금영개조(戊子禁營改造)'와 '정해년에 다리를 고쳤다'는 뜻의 '정해개축(丁亥改築)' 등의 기록도 남아 있어서 수표교와 청계천이 어떻게 관리되었는지 자세히 알 수 있게 해 준다. 준설에 대한 영조의 관심이 얼마나 컸던지 비바람이 거세게 몰아치는 날에도 신하들의 만류를 뿌리치고 오간수문의 공사장을 직접 가서 참관하기도 했는데, 그 모습이 「준천시사열무도(濬川試射閱武圖)」라는 목판화에 그려져서 서울대학교 규장각에 남아 있다. 광통교 등과 더불어 청계천을 건너는 중요한 다리였던 수표교에서는 명절이면 다채로운 민속놀이도 벌어지곤 했는데, 대표적인 것으로 정월 대보름에 하는 답교놀이와 연날리기 등이 있었다.

조선시대 전체를 온몸으로 버티면서 청계천을 지켰던 수표교는 일제강점기인 1937년부터 시작된 광통교 부근의 복개공사와 1958년 5월 25일부터 1961년 12월에 걸쳐 이루어진 전면복개공사로 인해 1959년 11월에 철거되어 세검정이 있는 신영동으로 가게 된다. 그 후 1965년에 그곳에서 다시 철거되어 장충단공원으로 옮기게 되었다. 그러다가 2003년 7월부터 2005년 9월에 걸쳐 청계천이 복원되었지만 수표교만은 제자리로 돌아가지 못하고 그대로 장충단공원에 남아 있다. 2005년에 서울시에서 내놓은 「수표교 정밀실측 및 기본설계 보고서」에 의하면 현재의 수표교는 원형의 훼손 정도가 대단히 심하다는 것을 알 수 있다. 다리를 옮길 경우 교각석 90개 가운데 26개(29%), 멍에석 36개 중에 9개(25%), 귀틀석 50개 중에 4개(8%), 상판석 214개 중에 35개(16%)를 교체해야 하는 상태라고 한다. 뿐만 아니라 "석재 상태가 표면의 풍화 상태보다 양호할 수 있어 실지 설계시 석재의 재질과 강도를 면밀히 조사해야 한다"고 하여 완전한 복원의 어려움을 토로하고 있다.

청계천이 복원되면서 많은 부분이 원래 모습을 되찾았다고는 하지만 원래 수표교가 서 있던 자리에는 모형으로 된 다리만이 놓여 있을 뿐이다. 청계천 다리 중 유일하게 남아 있는 수표교가 원래의 자리로 이전 복원되어 그 아름다운 자태를 뽐낼 날을 기다려 본다.

chapter 3

사람과 사람을 잇다

사람과 사람을 잇다

염라대왕도 알고 있는 미내다리

충청남도의 최남단에 위치한 논산은 서북 방향으로는 백제의 수도였던 부여와 맞닿아 있으며, 서남 방향으로는 금강과 이어져 있다. 논산은 강과 평야가 잘 어우러진 곡창지대면서 백제와 후백제 멸망의 슬픈 사연과 유적을 고스란히 간직하고 있는 곳이다. 이처럼 논산이 백제의 유적과 문화를 간직할 수 있었던 것은, 이 지역에 백제의 수도를 방위하는 다섯 개의 방성(方城) 중 동쪽을 담당하는 득안성이 있었기 때문이다. 방성에는 700명에서 1,000명 규모의 군대가 주둔하였는데, 군사적 측면에서 중요한 지역이었다. 황산벌에서 오천 결사대가 신라군을 맞아 최후의 항전을 벌였던 것도 도성을 지키는 마지막 방어선이 바로 이곳이었기 때문이다.

계백 장군이 오천 결사대를 이끌고 신라의 5만 군사와 싸우다가 장렬한 최후를 마친 곳으로 유명한 황산벌, 계백의 지휘부가 있었으며 관창의 목을 벤 곳으로 유명한 관창골, 오천 결사대의 시신을 한꺼번에 장사지냈다는 시정골, 계백 장군의 시신을 모신 묘역 등은 백제 멸망의 아픔을 간직한 유적지로 모두 논산시 연산면에 있다. 특히 황산벌은 백제의 마지막 전투가 있었던 곳이면서 후백제의 신검이 왕건에게 패하여 항복한 곳이기도 하니, 논산은 백제의 최후를 온몸으로 겪은 곳이라고 해도 과언이 아니다.

그러나 한 가지 안타까운 것이 있으니 백제의 마지막 전투지였던 황산벌과 관창골, 시정골, 황산성 등에는 역사적 사실을 알려주는 어떤 표지도 세워져 있지 않다는 점이다. 오천 결사대 충혼탑은 부여의 궁남지 동쪽에 세워져 있고, 오천 군사의 식량을 저장했던 곳으로 알려진 황산성은 훼손된 상태로 그냥 버려져 있으며, 관창골은 이름조차 관동리로 바뀌어서 역사의 저편으로 사라져가고 있다. 이 지역에서 유일하게 백제의 유적지로서 그 모습을 갖춘 곳이 있다면 백제군사박물관이 세워진 계백 장군의 묘역 정도라고 할 수 있다. 이러한 사정은 연무읍 금곡리 야산에 위치한 견훤 묘역도 마찬가지인데, 바로 옆의 부여에 무수히 버려져 있는 백제의 유적과 연계하여 문화자원을 복원한다면 논산은 우리나라 최고의 관광지가 될 것으로 보인다.

백제 멸망의 한을 담고 있는 유적과 함께 논산에는 다른 지역에서는 보기 어려운 사연이 얽힌 유적들이 있는데, 관촉사 은진미륵, 개태사 철확(鐵鑊), 강경의 미내다리가 바로 그것이다. 이 세 가지 유적은 모두 논산에 있는 것들인데, 이 지역에 전해 오는 이야기에 의하면 사람이 죽어서 염라대왕 앞에 가면 "네가 세상에 살 때 관촉사의 은진미륵과 개태사의 철확과 강경의 미내다리를 보았느냐?"고 질문을 받을 정도라고 한다.

관촉사의 은진미륵은 불두에 두 개의 관을 쓰고 있는 형상을 한 석불입상인데, 허리를 중심으로 두 개의 커다란 돌을 이어서 만들었다. 전체적인 비례나 균형이 맞지 않아 괴이한 느낌을 주는 불상인데, 높이가 18.2m나 되는 것으로 보물 제218호로 지정되어 있다. 이 미륵불이 만들어진 데에는 전설이 전해 오고 있다.

고려시대에 한 여인이 관촉사의 뒷산인 반야산에서 고사리를 꺾고 있었는데, 어디선가 아이 우는 소리가 들려 자세히 들어보니 "내가 나간다. 내가 나간다"고 말하는 것이었다. 그 소리를 따라가 보았더니 사람은 없는데, 땅속에서 큰 바위가 솟아나고 있는 것이었다. 이에 놀란 여인은 그 사실을 조정에 알렸는데, 나라에서는 그 바위로 불상을 조성하도록 하고, 혜명에게 일을 맡겼다. 혜명은 100여 명의 기술자와 함께 970년에 공사를 시작해 목종 9년인 1006년에야 불상을 완성하였다. 그러나 불상이 너무 거대하여 세우지 못하고 있던 차에 사제총에서 어린아이 두 명이 3등분된 진흙 불상을 만들어 세우면서 놀고 있는 것을 보았는데, 이 아이들은 먼저 땅을 평평하게 하여 그 아랫부분을 세운 뒤 모래를 경사지게 쌓아 그 중간과 윗부분을 세운 다음 모래를 파내는 것이었다. 그것을 본 혜명은 돌아와서 그와 같은 방법으로 불상을 세워 지금의 은진미륵을 완성하게 되었다.

그렇게 불상이 세워지자 하늘에서는 비를 내려 불상의 몸을 씻어 주었고 상서로운 기운이 삼칠일 동안 뻗쳤으며, 불두의 이마에서는 환한 빛이 사방을 비추는 것이었다. 중국의 승려 중에 지안이라는 사람이 그 빛을 좇아와 예배하였고, 그 광명의 빛이 촛불의 빛과 같다고 하여 절 이름을 관촉사라 부르게 되었다. 이처럼 신이한 영험이 있는 미륵불이니 지하에 있는 염라대왕도 알 수밖에 없었던 것이다.

개태사는 논산시 연산면 천호산 아래에 있는 고려 초기 사찰인데, 신검을 물리치고 천하를 통일한 기념으로 태조 왕건이 건립하였다고 한다. 이곳에 보존되어 있는 무쇠로 된 밥솥인 철확은 그 크기가 얼마나 큰지 염라대왕까지도 알고 있을 정도였다. 개태사의 철확은 승려들의 밥을 짓던 솥이었다고 하니 사찰의 규모가 얼마나 큰지 짐작할 수 있는데, 이 철확에 관해서는 아래와 같은 전설이 전해진다.

개태사가 가장 번창했을 때는 스님들이 1천여 명이나 되었는데, 이 솥은 스님들의 공양을 끓이기 위해 만들었다. 어느 해인가 갑자기 큰스님으로 보이는 승려 한 사람이 개태사를 찾아와 "얼마 후 대홍수가 나서 본당의 부처님상이 위험할 것이니 이 가마솥으로 본당에 이르는 물길을 막으면 불상은 안전할 것이다"라고 말한 뒤 어디론가 사라졌다. 이 말을 들은 개태사 스님들은 반신반의했지만 밑져야 본전이라는 생각으로 가마솥으로 본당 앞을 막아놓았다. 아니나 다를까 그해 여름에 대홍수가 나서 거센 물길이 사찰로 몰려왔지만, 불상을 지켜낼 수 있었다. 하지만 그 물길에 가마솥은 떠내려가 지금의 연산면 고양리 다리 근처에 묻히게 되었다고 한다. 그 뒤로 개태사는 점점 퇴락하고 고려 말기에 이르러서는 철확 역시 빨갛게 녹슬어 나뒹굴었다. 이때는 왜적들이 자주 침입해 왔는데, 우리 군사들의 밥을 짓기 위해 이 솥을 다시 쓰기 시작하였다. 그런데 이 솥으로 밥을 지어먹은 군사들은 하나같이 잘 싸워서 그때마다 왜적들을 물리칠 수 있었다. 이에 왜적들은 개태사로 몰래 들어와 철확을 없애버리려 하였지만 그때마다 하늘에서 천둥소리와 함께 벼락이 내리쳐서 감히 손대지 못해 지금까지 온전히 보존될 수 있었다고 한다.

강경천에 놓여 있던 미내다리는 전라도와 충청도의 경계 지역에 놓였던 돌다리인데, 그 모습이 황홀할 정도로 아름다웠다. 무지개 모양을 가진 홍예의 형태로 만들어진 미내다리는 미교(渼橋), 미내교(渼柰橋), 조암교(潮巖橋) 등으로 불리는데, 기록에 의하면 현존하는 다리는 18세기 초반에 만들어진 것으로 보인다. 그러나 사후 심판 의식을 반영하는 대표적 존재라고 할 수 있는 염라대왕이 미내다리를 알고 있다는 이야기가 민간에 널리 퍼져 있는 것을 보면, 훨씬 오래전부터 있었던 다리일 것으로 추정된다. 이 다리에 대한 기록이 많지 않아서 정확한 역사는 알 수 없지만 15세기에 지어졌다가 증보를 거쳐 16세기에 새롭게 만들어진 『신증동국여지승람(新增東國輿地勝覽)』을 보면 조선시대 이전부터 이곳에 돌로 만든 다리가 있었던 사실을 알 수 있다.

"조암교(潮巖橋)는 증산포에 있다. 옛날에 돌다리가 있었는데, 그곳 거주민들이 풍수장이의 말을 믿고 다리의 돌을 모두 물에 던져버려서 지금은 나무로 다리를 놓고 건너다닌다. 다리 아래에 바위가 있는데 썰물이 되어 조수가 물러가면 보이기 때문에 이름 붙이기를 조암이라 하였다."

증산포는 지금의 전라북도 익산 지역인 여산군에서 발원하여 강경에서 논산천과 합류해 금강으로 들어가는 강경천의 하구다. 『신증동국여지승람』에서 말하는 조암교가 있던 자리를 미내다리가 놓였던 곳으로 봐도 문제없을 것이다. 강경천에 이처럼 아름답고 튼튼한 돌다리가 놓였던 이유는 이 지역이 바닷길과 육로가 만나는 곳으로, 이곳을 거치면 어디든지 갈 수 있는 교통의 중심지였기 때문이다. 그렇기 때문에 『신증동국여지승람』에 "은진과 강경포는 상선이 집결되어 있는 곳이므로 본디부터 이곳을 이권이 많은 곳이라는 뜻으로 이굴(利窟)이라 일컬어 왔다"고 기록된 것을 통해 강경 지역이 얼마나 번성했는지 알 수 있다.

강경의 번영과 그 맥을 같이 한 미내다리는 논산시 채운면 삼거

논산시 채운면 삼거리 강경천변에 있는 미내다리. 과거에는 이 다리 아래로 강경천이 흘렀다.

리 강경천변에 있는데, 1973년 12월에 충청남도유형문화재 제11
호로 지정되었다. 돌로 만들어진 이 다리는 길이 31.5m, 높이
4.6m, 너비 2.8m에 무지개 모양의 홍예가 3개로 구성되어 있다.
부여국립박물관에 옮겨진 은진미교비(恩津渼橋碑)에 따르면 미내
다리는 조선 영조 7년인 1731년에 강경 사람 송만운과 석설산이
주동해 모금을 시작한 지 일 년이 채 되지 않아 관청의 힘을 전혀
빌리지 않고 다리를 완성하였다고 한다. 여기에는 황산 사람인 유
부업을 비롯하여 승려인 경원, 설우, 청원, 여산의 강명달, 강지평
등이 힘을 합쳐 도운 공로가 컸다고 한다. 순전히 민간의 힘만으로
전라도와 충청도를 잇는 다리를 축조하였으니 대단한 일이 아닐
수 없었다. 당시에 미내다리는 삼남 제일의 대교였다.

  이 다리는 3개의 홍예로 되어 있는데, 가운데 것이 제일 높고 크
며 양쪽 홍예는 조금 작고 낮다. 다리의 받침은 가로 40cm, 세로

50cm, 너비 110cm 내외의 긴 장대석을 써서 쌓아올린 다음 그 위에 홍예석을 올려 만들었다. 가운데 홍예의 정상부에 있는 난간석은 다리 밖으로 돌출되도록 한 다음 호랑이 머리 모양을 조각했고, 북쪽의 홍예 정상부에 있는 다리난간 돌에는 용머리를 새겼는데, 유독 남쪽에 있는 홍예 정상부에는 조각이 없는 것이 특징이다. 또한 다리의 중간 이맛돌인 홍예종석에는 눈은 마치 장승의 눈 같고, 코는 뭉툭하며, 얼굴 양옆으로 귀와 갈기가 있지만 그 형태를 정확히 알 수 없는 동물의 얼굴이 조각되어 있다. 난간석에는 화문을 새겨 넣은 듯하지만 오랜 세월이 흐르면서 닳아 없어지는 바람에 지금은 식별하기 어려울 정도다. 홍예와 홍예 사이는 높이 35cm, 너비 150cm 정도의 장대석을 사용하여 잘 조화시켜 쌓았는데, 다리 윗면에는 중간 중간에 길이가 더 길고 턱이 지고 홈이 파진 장대석을 난간 밖으로 돌출시키고 그 위에 난간석에 해당되는 경계석을 끼워서 다리의 모양에 아름다움을 더하도록 만들었다. 다리의 상판은 가지런하게 다듬은 장대석을 사용하여 두 줄로 깔았는데, 다리의 양옆과 마찬가지로 중간에는 세로로 장대석을 깔아서 경계를 지음과 동시에 오가는 사람이나 물자가 부딪히는 불편이 없도록 하였다. 부드러운 곡선을 이루고 있으면서도 어느 한곳도 흐트러진 모양이 없는 이 다리는 너무나 아름다워서 하나의 조각품을 보는 듯한 착각을 일으킬 정도이니 지하에 있는 염라대왕이 알고 있었다는 말에도 일리가 있을 듯하다.

이러한 구조를 가진 미내다리에는 비석에 새겨진 기록과는 다른 다음과 같은 이야기가 민간에 전해내려 온다.

옛날에는 미내다리 부근의 하천에 다리가 없어서 물을 건널 때 발을 벗어야 했는데, 이곳 사람들이 돈을 걸어 마을의 두 청년에게 다리를 놓도록 했다는 것이다. 두 청년은 마을 사람들이 모은 돈을 경비로 해서 튼튼하고 아름다운 다리를 놓았는데, 일이 끝나고 나서 보니 엽전이 얼마 정도 남아 있었다. 남은 돈을 처리할 방법을 생각하던 끝에 두 청년은 나중에 다리를 보수할 때 쓸 요량으로 남은 엽전을 다리 밑에 묻어두기로 했다. 그 후 세월이 꽤 지나서 두 청년 중 하나가 병을 얻어 눕게 되었는데, 좋다는 약이란 약은 모두 써보아도 나을 기미가 보이지 않는 것이었다. 그동안 약값으로 많은 금전을 써버렸기 때문에 더 이상 약을 살 돈이 없게 된 친구는 보수비용으로 쓰려고 다리 밑에 묻어두었던 엽전을 가져다 써야겠다는 생각을 하게 되었다.

부랴부랴 다리 밑으로 달려간 청년은 자신들이 돈을 묻었던 곳에 가서 땅을 아무리 파보아도 도저히 찾을 수가 없었다. 그 사이 한 청년의 병은 갈수록 깊어졌는데, 보슬비가 부슬부슬 내리는 어느 날 그 청년이 갑자기 커다란 구렁이로 변하는 것이었다. 구렁이로 변한 청년은 집을 나와서 미내다리 밑으로 들어갔는데, 갑자기 자취를 감추고 온데간데없이 사라져 버리는 것이었다. 구렁이로 변한 청년이 다리 밑으로 사라진 이후 이 다리는 점점 퇴락하여 물에 떠내려 온 토사에 묻히게 되었고, 지나다니는 사람도 거의 없게 되어서 쓸모없는 다리가 되어갔다. 그렇게 되자 일부 주민들이 다른 곳에 쓰려고 다리의 석재를 빼내려 했다. 그랬더니 해가 쨍쨍하던 하늘에 갑자기 검은 구름이 몰려들면서 귀를 찢는 천둥과 함께 뇌성벽력이 내리치는 것이었다. 너무나 놀란 사람들이 그 뒤로는 다리의 돌을 구렁이돌이라고 해서 건드리거나 훼손할 엄두를 아예 내지 않았다고 한다.

이렇게 하여 보존된 미내다리는 논산 지역의 명물이 되었고, 정월 대보름이 되면 이곳에서 다리밟기 행사를 벌였다고 한다. 이때 자기 나이만큼 다리를 왕래하면 그 해의 액운이 소멸하고, 추석날 이 다리를 일곱 번 왕래하면 행운이 온다는 속설이 강경 지역에 전해오고 있다.

이러한 전설이 서려 있는 미내다리는 호남의 유생들이 과거를 보러 갈 때 이 다리를 지나 한양으로 갔으며, 한양에서 내려오는 관리들은 이 다리를 지나 호남으로 내려가곤 했다. 『춘향전』에도 이몽룡이 과거에 급제하여 암행어사가 된 후 호남으로 내려갈 때 이 다리를 지나갔다는 내용이 나오는 것도 그 때문이다. 현대의 눈부신 기술에 의해 만들어진 튼튼한 교량에 밀려 지금은 다리 구실을 하지 못하게 되었지만, 지금도 생생하게 살아 숨 쉬는 백제의 문화와 그 맥을 같이하는 강경의 미내다리의 가치가 재조명되고, 더욱 많은 사람들에게 사랑받는 문화콘텐츠로 거듭날 수 있기를 기대해본다.

고산 윤선도와 보길도 굴뚝다리

전라남도 해남의 땅끝마을에서 배로 50분 거리에 있는 보길도에는 우리가 잘 알고 있는 고산 윤선도와 관련된 부용동의 유적들이 있다. 엄청나게 넓은 골짜기 전체를 차지하고 있는 부용동에는 그가 기거하면서 풍류를 즐기고 인생의 마지막을 보냈던 낙서재(樂書齋)와 계곡 전체의 풍광을 한눈에 감상할 수 있는 동천석실(洞天石室), 계곡의 물길을 막아서 조성한 세연지(洗然池)와 세연정(洗然亭) 등 의미 있는 유적들이 이곳저곳에 산재해 있다.

보길도 부용동의 굴뚝다리

　부용동은 인적이 드문 보길도의 골짜기 하나를 윤선도가 통째로 개발하여 자신이 기거하고 즐기는 별서조원(別墅造園)으로 조성한 곳인데, 바다에서 멀리 떨어져 있지 않은 부용동 입구에 있는 것으로 세연정 앞의 계곡을 가로질러 놓여 있는 굴뚝다리는 우리나라에 하나밖에 없는 특이한 석조구조물이다. 물을 가두어두는 장치인 보(洑)가 되기도 하고, 사람이 건널 수 있는 다리가 되기도 하기 때문에 이것은 판석보(板石洑)와 굴뚝다리의 두 가지 이름으로 불린다. 판석보라는 명칭이 물을 가두어두는 제방의 성격을 강조한 것이라면 굴뚝다리는 속이 비어 있는 것으로 사람이 건널 수 있는 다리라는 성격을 강조한 것이다. 이처럼 특이한 성격을 가진 굴뚝다리는 모두 윤선도가 설계하고 제작했으니 그가 지니고 있었던 풍류정신과 호사스러움이 잘 묻어나는 유적 중의 하나라고 할 수 있다. 굴뚝다리를 제대로 이해하기 위해서는 부용동 곳곳에 흩어져 있는 여러 유적들과 윤선도의 일생에 대해 살펴보는 것이 필요하다.

조선시대 문인이면서 학자 중에 윤선도만큼 기구하게 살았으면서도 남부럽지 않을 정도로 호화롭게 산 사람은 없을 것이다. 그는 선조 20년인 1587년 6월 21일에 해남 윤씨 집안에서 태어났다. 그의 아버지인 윤유심은 종삼품인 부정 벼슬을 지낸 사람이었다. 그는 여덟 살 되던 해에 관찰사 벼슬까지 지낸 작은 아버지 윤유기의 양자로 들어가면서 엄청난 재산을 물려받는 상속자가 되었는데, 윤선도가 양자로 들어가게 된 데에는 복잡한 집안 내력이 있다.

윤선도의 큰할아버지이자 집안의 장남인 윤홍중의 외동아들인 윤사회가 후사를 잇지 못하고 세상을 떠나자 작은 집에서 둘째아들인 윤유기를 데려다가 양자를 삼았는데, 윤유기 역시 아들을 두지 못했다. 집안의 종손인 윤사회는 젊었을 때부터 여색을 좋아했는데, 급기야 아버지인 윤홍중의 여자를 빼앗아 간통하는 바람에 아버지와의 사이가 극도로 악화되었다. 그러자 윤홍중은 자신의 동생인 윤의중의 아들로 대를 잇도록 하겠다고 공언하는데, 이 말에 격분한 윤사회가 칼을 들고 아버지를 죽이겠다고 위협하였다. 또한 아버지가 돌아간 뒤에는 어머니의 재산까지 모두 빼앗아버리는 패륜까지 서슴지 않다가 1573년에는 의금부에 붙잡혀가서 심문을 받다가 결국 죽고 말았다. 집안의 장손이 모두 죽어버려서 대가 끊어지게 되자 윤홍중의 자리는 동생인 윤의중이 이어받게 되었는데, 그는 맏아들인 윤유심으로 하여금 자신의 대를 잇도록 하고 둘째아들인 윤유기를 윤홍중의 양자로 들어가도록 하여, 집안의 적통을 물려받도록 했다.

그런데, 윤홍중의 대를 이었던 윤유기에게 다시 아들이 없게 되자 윤유심의 둘째아들인 윤선도를 양자로 삼아서 장손으로 삼기에 이르렀고, 윤선도는 생부와 양부, 두 아버지를 가진 운명이 되고 말았다. 지금도 대학로 마로니에 공원에 가면 윤선도의 출생지라는 표지가 붙어 있고, 명동의 YWCA 건물 입구에는 양자로 들어가서 윤선도가 살았던 집터라는 표지가 있는 것에서 이를 확인할 수 있다.

윤선도의 아버지가 된 윤유기는 지방관으로는 가장 높은 자리인 관찰사 벼슬까지 지낸 세력가였기 때문에 그는 유복한 어린 시절을 보냈다. 유복한 환경에다 어려서부터 총명하기로 소문났기 때문에 자신이 하고 싶은 공부는 무엇이든 할 수 있었는데, 선비의 기본 지침서라고 할 수 있는 경사서(經史書)는 말할 것도 없어서 제자백가(諸子百家)를 통달하고, 문학, 철학, 천문, 지리, 의약에 이르기까지 다른 사람이 넘볼 수 없을 정도로 깊은 조예를 가지게 되었다. 당시의 금서인 『소학(小學)』을 읽고 감명을 받아 평생의 좌우명으로 삼게 된 그는 관직에 뜻을 두고 18세 때 과거 시험에 합격했는데, 진사초시에 합격한 것을 시작으로 20세가 되던 1607년에는 시부(詩賦)와 경의(經義) 등을 시험하여 생원을 뽑는 승보시(陞補試)에서 1등을 하여 생원시와 진사시의 복시에 응시할 자격을 얻음과 동시에 성균관기재생으로 입학할 자격도 얻었다. 이에 만족하지 않고 연이어 향시와 진사시에도 합격하여 총명함을 세상에 과시했는데, 이때부터 성균관 유생이 되었다.

성균관 유생으로 있던 광해군 8년인 1616년 12월에는 당시의 최고 권세가이면서 아버지 윤유기와 사이가 매우 좋지 않았던 예조판서 이이첨을 비롯한 집권세력의 죄상을 격렬하게 규탄하는 상소인 병진소(丙辰疏)를 올려 세상을 놀라게 함과 동시에 문명(文

名)을 떨치는 계기를 마련하게 된다. 그러나 곧바로 집권세력에게 탄핵을 받아 1617년 1월 8일에는 한양에서 2천 리나 떨어진 함경도의 최북단인 경원으로 유배를 갔고, 양부 윤유기 역시 아들을 뒤에서 조종한 죄로 삭탈관직되어 낙향하는 비운을 겪는다. 경원은 북쪽의 오랑캐 땅과 인접한 곳으로 귀양 간 사람들이 원한을 품어서 나라의 기밀을 가지고 오랑캐와 내통한다고 하여 귀양 간 지 1년 만에 다시 경상남도 기장으로 유배지를 옮기게 되었는데, 1623년에 인조가 반정하여 정권이 바뀌고 이이첨 일파가 처형되자 유배에서 풀려나 의금부도사에 임명되었지만 석 달 만에 사직하고 해남으로 내려갔다.

고향에서 지내던 윤선도는 인조 6년인 1628년에 별시문과 초시에 장원급제하여 인조의 왕자인 봉림대군과 인평대군의 사부가 되었고, 임금의 명령으로 공조좌랑, 형조좌랑, 한성부서윤 등을 5년간이나 역임하였다. 그러다가 1634년에는 다른 사람의 모함을 받아 성산현감으로 좌천되고 이듬해 파직되었는데, 그 뒤로는 줄곧 해남에서 지내며 다시는 벼슬길에 나가지 않으리라 다짐했다.

해남에서 지내던 그에게 나라가 변란에 휩싸였다는 소식이 들려온 것은 병자호란이 일어난 1636년 12월이었다. 이 소식을 들은 윤선도는 강화도는 고려 때부터 나라가 위기에 처하면 서울로 삼았던 곳인지라 나라의 대신들이 그곳에 가 있을 것이라고 생각하여 향읍의 젊은이들을 모집하여 100여 명 정도를 동원했다. 배를 타고 급하게 올라갔으나 이미 임금이 항복했다는 말을 듣게 되었다. 이것을 수치스럽게 여겨 배를 돌려 제주도로 가던 중 풍랑을 만나 어느 외딴 섬에 들어가 파도를 피하게 되었는데, 이곳이 바로 보길도였다.

정자포 대풍구미에서 항해에 알맞은 바람을 기다리다가 무료함을 달래기 위해 섬을 돌아보던 윤선도는, 지금의 부용동 일대를 돌아보다 수려한 경관에 놀라움을 금치 못한 나머지 제주도로 가는 것을 포기하고 보길도에 정착하게 된다. 자신이 발견한 골짜기는 사람이 거의 살지 않은 곳이었기 때문에 모두 자신의 구미에 맞도록 이름을 붙였는데, 골짜기의 모양이 연꽃을 닮았다고 하여 부용동(芙蓉洞)이라 하고, 남쪽의 제일 높은 봉우리인 격자봉 아래에 집을 짓고 낙서재라 하였다. 그는 이곳을 자신이 평생을 보낼 곳으로 마음 먹었기에 부모에게 물려받은 막대한 재산으로 원림을 조성하였는데, 낙서재에서 건너다보이는 산 중턱에 조그만 정자를 짓고 동천석실(洞天石室)이라 이름 지었다. 이곳은 석문(石門)과 석담(石潭), 석천(石泉), 희황교(義皇橋), 석계(石階) 등을 갖추고 있다. 윤선도가 동천석실을 얼마나 좋아했는지는 전해오는 이야기에 잘 나타나 있다. 낙서재 앞 벌판에 인공으로 동산을 만들어서 그곳을 조산(造山)이라고 했는데, 이곳과 동천석실 사이에 도르래가 달린 줄을 매달아놓고 아침에 올라간 윤선도에게 점심을 보냈다는 것이다. 이처럼 동천석실은 부용동의 경관을 즐기는 가장 중요한 장소였음을 알 수 있다.

그러나 윤선도는 이 정도에 만족하지 않고 낙서재에서 북쪽으로 10리 정도 떨어진 곳에 계곡의 물을 막아 연못을 만들고 연못 한 가운데에 세연정이라는 정자를 지어서 풍류를 즐겼다. 세연정 주변의 구조물들은 하나같이 예술적인 아름다움을 최대한 뽐내기 때문에 이곳이야말로 윤선도가 가장 심혈을 기울여서 만든 계원(溪園)임을 짐작할 수 있다.

세연정은 낙서재 앞을 흐르는 낭음계(朗吟溪)에서 내려오는 시냇물 가에 지은 정자인데, 보길도의 주 항구인 황원포구에서 5리 정도 떨어진 곳에 있다. 지금은 세연정 앞에까지 배가 들어가지 못하지만 윤선도가 이곳을 꾸몄던 당시에는 땅을 파서 물길을 열었기 때문에 주인인 그는 세연정 앞에서 배를 타고 곧바로 바다로 나갈 수 있었다. 이러한 사정을 노래한 것이 그 유명한 「어부사시사(漁父四時詞)」다. 어부사시사는 봄, 여름, 가을, 겨울 사계절의 변화에 따라 느끼는 정서를 40편의 시조로 읊은 것이다. 그런데 여기서 쓰인 '부(父)'는 아버지라는 뜻이 아니라 '늙은이,' '숨어 사는 사람' 등의 의미이기 때문에 '보'로 읽어야 마땅하다. 그러니 「어보사시사」로 읽어야 하지만 관습적으로 이미 굳어졌기 때문에 어쩔 수 없게 되었다. 어부사시사는 사계절의 순환과 하루의 순환을 통해 만들어진 구성적 치밀성과 시인의 탁월한 언어조탁 능력으로 인해 시조문학을 빛낸 최고의 예술작품으로 손꼽힌다.

윤선도는 부용동에서 내려오는 계곡의 물을 막아 연못을 이루도록 하고 이름을 세연지라고 붙였다. 세연지의 중간에 세연정이란 정자를 지었는데, 세연(洗然)은 안정되고 상쾌하며, 밝고 깨끗한 상태라는 의미다. 자신이 사랑하는 세연정의 주변 풍광이 그렇다는 것을 나타낸 이름인 것이다. 이곳에는 물을 막아서 자연적으로 생긴 연못의 한가운데 세운 세연정을 비롯하여 인공으로 만든 연못으로 물이 돌아나가도록 한 회수담(回水潭), 거대한 크기의 돌 일곱 개를 넣어놓은 칠암(七嵓), 세연정으로 들어가기 위해 거북이처럼 생긴 돌 위로 건너도록 놓고 비홍교, 계곡의 물을 막는 보 구실을 하는 판석보, 녹의홍상을 한 기생들이 올라가 춤출 수 있도록 만든 동대와 서대, 세연정의 동쪽 산 위에 있는 바위로 악기를 연주한 곳이었다는 옥소대, 회수담의 서쪽에 인공으로 설치하여 옥

소대에서 연주하는 음악이 부딪혀서 들리도록 했다는 성벽 등이
있다.

전해 오는 이야기에 의하면 윤선도는 예술적 감각이 어찌나 뛰
어난지 옥소대에서 연주하는 악기 소리가 회수담 서쪽에 있는 성
벽에 부딪혀서 세연정 쪽으로 몰아주는 것을 듣고 즐길 정도였으
며, 동대와 서대에서 화려한 옷을 입은 기생들이 춤추게 한 다음
그 춤추는 모습이 연못에 비친 것을 보고 즐길 정도였다고 한다.
이런 점에서 볼 때 윤선도가 지니고 있었던 미적 감각은 보통사람
들로서는 상상도 할 수 없을 정도로 뛰어났다는 것을 알 수 있다.

세연정 주변의 유적 중 윤선도가 지닌 생활의 지혜와 예술적 기
지를 잘 보여주는 것으로 굴뚝다리라고 불리는 판석보를 빼놓을
수 없다. 판석보는 계곡을 가로질러서 돌을 쌓아 보를 만들어 물을
가둘 수 있도록 한 것인데, 특이하게 축조된 점과 다양한 기능 때
문에 문화적 가치가 매우 높은 유적으로 손꼽힌다. 굴뚝다리는 그
동안의 세월을 견디지 못하여 석축들이 많이 유실되어 물이 새는
상태가 되면서 원래의 모습을 파악하기가 어려울 지경까지 이르렀
는데, 일부 구간에 석축하대석이 그대로 남아 있어서 석축의 높이
와 형태 등을 추정할 수 있게 되어 문화재청에 의해 최근에 복원되
었다. 판석보의 좌우 석축은 기존의 돌 재료와 외부 반입 재료를
섞어서 원래 모습 그대로 쌓았는데, 진흙다짐과 잡석다짐 등을 통
하여 물이 새지 못하도록 복구했다. 계곡을 가로지르는 판석보를
개축하면서 누수되는 구간은 전체적으로 강회몰탈로 누수방지 시
설을 보강했고, 세연지 쪽 판석보 하단부에는 석단을 한 단 설치하
고 진흙을 치밀하게 다져넣은 다음 기존의 시멘트로 보강한 부분
을 모두 들어내고 강회몰탈로 마감하였다.

　복원된 판석보의 규모를 보면 높이는 1.5m이고, 폭은 2m이며, 길이는 15.1m다. 그리고 복원에 사용된 물량은 강회와 진흙을 섞은 강회몰탈이 52.4m³이고, 1단의 석단 설치에 3.35m²의 돌이 사용되었고, 물막이설치에 16m²의 돌이 들어갔다. 굴뚝다리인 판석보의 축조방식은 진흙으로만 쌓았을 때 흙이 무너지는 것을 방지하기 위해 넓적하고 네모난 모양의 돌인 판석으로 3면을 둘러쌓는 기법이다. 즉, 돌로만 쌓으면 틈 사이로 물이 샐 염려가 있고, 흙으로만 쌓으면 폭이 너무 커져 연못 가운데에 있는 큰 바위들의 중압감을 반감시키는 조형상 단점이 있기 때문에 판석을 이용하여 보를 쌓은 것이다. 판석과 판석을 고정시키는 재료로는 진흙과 석회를 섞어 만든 강회몰탈을 사용하였는데, 보의 속이 비어 있는 상태가 되는 것이 특징이다.

　이렇게 만들어진 굴뚝다리인 판석보는 세 가지 기능을 했던 것으로 보이는데, 첫째는 물을 막아서 가두어두는 보로서의 구실이며, 둘째는 걸어서 외부로 나가거나 외부에서 부용동 안으로 들어올 때, 혹은 옥소대에 올라갈 때 사용하는 길목이 되는 것이며, 셋째는 여름에 물이 불어나면 판석보 위로 물이 넘치도록 하여 일정한 높이의 폭포를 형성하도록 하는 것이 그것이다. 특히 사람이 이 다리를 건너올 때면 속이 비어 있는 굴뚝다리의 특성 때문에 공명을 일으켜서 소리를 내는 까닭에 십리나 떨어진 낙서재에 앉아서도 사람이 오는 발자국 소리를 들을 수 있을 정도였다고 한다. 부용동으로 사람이 찾아오는 것이 뭐 그리 무서운 일일까 하고 생각하기 쉽지만 정치적으로 열세에 있던 남인 가문에서 태어나 당시의 집권 세력인 서인 일파에 맞서 왕권강화를 강력하게 주장하다가 20여 년에 걸친 유배생활과 19년의 은거생활을 겪은 그로서는 당연한 경계가 아니었을까 싶다.

판석보와 관련된 장치로 특이한 것 하나를 더 꼽는다면 세연지에서 회수담으로 물이 들어가고 나오는 구멍을 들 수 있다. 계곡의 물이 고여서 이루어진 세연정에서 회수담으로 물이 들어가는 입구는 다섯 개의 구멍이며, 인공 연못인 회수담을 돌아서 나오는 구멍은 세 개인데, 오입삼출(五入三出)이라 부르는 이 구조는 판석보에 막혀 있는 물이 서쪽의 인공 연못으로 들어가서 회수담을 경유하여 서쪽 끝으로 천천히 빠져나가도록 하는 구실을 한다. 물이 들어올 때는 빨리 유입되어 어느 정도 고여 있다가 일정한 속도로 나가도록 물의 속도와 수량을 조절함으로써 회수담 속의 수면을 고요하게 만들도록 설계되어 있는 것이다. 윤선도 자신의 유흥공간이었던 세연정 주변의 기기묘묘한 장치들이 제구실을 할 수 있었던 것은 바로 보와 다리와 폭포의 세 가지 구실을 하는 굴뚝다리가 있었기 때문이라고 볼 때 우리나라에 하나밖에 없는 이 다리가 가지는 문화유산으로서의 가치는 매우 크다 하겠다.

조선 중기의 난세에 태어나 정치적으로는 시련을 겪었지만 경제적으로는 남부러울 것이 없을 정도로 호화롭게 생활한 윤선도의 손때가 묻은 유적은 보길도의 부용동과 세연정뿐만이 아니다. 물, 바위, 달, 소나무, 대나무를 벗으로 하여 노래한 작품인 「오우가(五友歌)」 등이 들어 있는 「산중신곡(山中新曲)」을 지은 곳으로 유명한 해남군 현산면 구시리와 만안리에 있는 금쇄동과 수정동, 문소동, 해남읍에 있는 녹우당(綠雨堂) 등이 보길도에서 멀지 않은 거리에 있다. 굴뚝다리가 있는 보길도와 함께 테마기행을 하면서 선인들의 숨결을 느껴보는 것은 더없이 즐거운 일이 될 것이다.

700년을 견뎌온 함평 고막천 돌다리

나비를 문화콘텐츠로 개발하여 나비축제의 고장으로 유명해진 전라남도 함평군은 서쪽은 바다와 연결되어 있고, 남쪽은 목포와 맞닿아 있으며, 동으로는 내륙인 나주와 통하는 호남의 교통 요지다. 함평군 학교면에는 고막리라는 작은 마을이 하나 있는데, 이곳은 원고막, 신촌, 광진, 송암, 재생원 등으로 이루어져 있다. 지금은 작은 시골마을일 뿐이지만 고려시대와 조선시대만 해도 나랏일을 보는 벼슬아치의 숙소인 원(院)이 있었고 바다와 연결되어 있는 강물을 따라 물자의 유통이 활발히 이루어졌기 때문에 매우 번성했던 곳이다. 고막원은 서쪽으로는 청수원, 동쪽으로는 개계원을 연결하던 중요한 교통로였다.

교통로로서 고막리가 크게 번성할 수 있었던 까닭은 바로 내륙에서 생산된 특산물이나 세금으로 바쳐지는 곡식 등이 이곳에 모여 배에 실려 중앙정부로 올라갔기 때문이다. 또한 이곳에서 가까운 지역의 도서인 지도나 암태도 같은 섬에서 생산되는 염전의 소금과 각종 해산물이 큰 배에 실려 고막천 돌다리 앞까지 운송되었으며, 봇짐장수인 보부상들은 이곳에서 각종 물건을 받아서 호남의 내륙지방으로 운반했다. 20세기 초반인 1910년까지만 해도 쌀 100석을 실을 수 있는 큰 배가 드나들 정도로 물자와 사람의 왕래가 빈번한 곳이었다.

고막리 동쪽에는 북에서 남으로 흘러서 영산강으로 합류한 다음 목포 앞바다로 들어가는 작은 강이 하나 있는데, 내륙인 나주 등지로 통하기 위해서는 반드시 이 물을 건너야 했다. 마을 앞에는 얼핏 봐도 장구한 세월을 견뎌왔음을 알 수 있는 돌다리가 하나 놓여

우리나라에서 가장 오래된 고막천 돌다리

있는데, 현재까지 알려진 바로는 우리나라에서 가장 오래된 돌다리다. 이 다리의 이름은 고막천 석교인데, 고막천 독다리, 똑다리, 떡다리 등으로도 불린다. 700년 이상을 견뎌오면서 이 고장의 역사를 지켜온 산증인인 셈이다. 강의 이름과 다리의 이름은 대개 지명에서 유래되므로, 우선 고막이라는 지명이 어떻게 생기게 되었는지 알아볼 필요가 있다.

『삼국유사』나 『삼국사기』, 그리고 『위지(魏誌)』의 「마한(馬韓)」편 등의 기록을 보면 우리나라의 지명을 표시하는 것 중에 '곰'을 소리 나는 대로 적어서 '금마(金馬)·고마(古麻)·고마(固麻)·고마(古馬)·고막(古莫)·고미(古彌)·감물(甘勿)·곤미(昆彌)·지마(只馬)·금미(今彌)·개마(蓋馬)·구마(久麻)' 등으로 기록하고 있는 것을 볼 수 있다. 여기서 '곰'은 '고마'라고도 하는데, 물과 땅을 관장하는 신으로 생산과 관련을 가지는 것으로 해석된다. 그러므로 고막 역시 강과 관련된 지명임을 알 수 있다. 또한 우리나라에는 해안과 강 등을 나타내는 '가람'이란 말이 들어간 지명이 무수히 많은데, 금(金, 錦, 今, 禽)·구미(九味)·고막(古莫)·고마(古馬)·가막(加莫)·계마(桂馬)·혈(穴)·부(釜)·흑(黑)·웅(熊) 등이 들어간 이름이 그것이다.

또한 『삼국사기』에는 백제의 지명으로 고막부리(古莫夫里)가 있었다는 기록이 나오는데, 여기서 '부리(夫里)'는 '울'이라는 우리말을 음차한 것이다. '울'의 뜻은 '사람들이 많이 모이는 곳'이므로 고막부리는 사람들이 많이 오가는 물가의 도시, 즉 강가에 발달한 도시라는 뜻을 가지는 것으로 해석할 수 있다. 함평의 고막리는 '莫'이 아닌 '幕'을 쓰고 있어서 얼핏 보아서는 다른 말 같지만 고대 표기에서 '莫'과 '幕'은 같은 음으로 서로 통하여 썼기 때문에 같은 뜻으로 음차한 것으로 보아도 좋을 것이다.

위에서 살펴본 바와 같이 고막은 강물과 관련된 항구도시 같은 곳을 지칭하는 지명으로 봐야 하는데, 이곳이 교통과 물류 이동에 있어 원을 설치할 정도로 매우 중요한 항구도시였다는 역사적 사실과도 부합한다.

그러나 이 지역에 내려오는 이야기는 역사적 기록과는 상당히 다르다. 이 지역에서 전해오는 이야기에 의하면 이곳의 지명이 고막으로 된 것은 고려 말에 마을 앞을 흐르는 강에 튼튼한 돌다리를 놓아서 사람들을 건너게 해주었다는 도승인 고막대사의 이름에서 유래했다고 한다. 고막대사는 승달산에 있는 법천사의 승려였다. 승달산은 전남 무안군 청계면과 몽탄면에 걸쳐 있는 산으로 백두대간의 서남부 마지막 자락으로 해발 332.5m밖에 되지 않는 산이다. 산은 비록 높지 않지만 바닷가에 위치하고 있어서 이곳에 오르면 서남해의 다도해가 한눈에 들어올 정도로 조망이 뛰어나며 풍수지리설에서는 호남의 8대 명혈 중 으뜸으로 치는 수혈이 있는데, 이름하여 승려가 제자를 모아놓고 예불을 드리는 형국인 '호승예불형(胡僧禮佛形)'을 감추고 있는 산이다.

승달산 아래에는 법천사라는 사찰이 있는데, 정확한 창건 기록은 남아 있지 않지만 백제 성왕 30년인 552년에 덕예라는 승려가 세웠다고도 하고, 신라 성덕왕 24년인 725년에 서역 금지국에서 온 정명이 세웠다고도 한다. 세월이 지나면서 퇴락한 법천사를 다시 세운 것은 고려 때이다. 전설에 의하면 고려 중기인 인종 9년(1131)에서 의종 16년(1162) 사이에 중국 원나라에 있는 임천사의 승려인 원명이 이곳으로 와서 산 아래에 풀로 지은 암자를 짓고 수행했는데, 그의 제자 500명이 찾아와서 함께 불도를 닦아서 모두 득도를 하게 되었다. 그런 인연 때문에 그때까지 영취산으로 불리던 이 산의 이름을 승달산으로 바꾸어 부르게 되었다고 한다.

이렇게 하여 승달산은 불도를 닦는 사람들이 득도하는 곳으로 유명해졌는데, 그 뒤로 걸출한 승려들이 많이 배출되었다. 법천사가 배출한 승려 중에 고려 때에 고막이라는 이가 있었는데, 고막대사가 추운 겨울날 산에서 내려와 시주를 하러가는 길에 고막천에 이르렀다고 한다. 수많은 사람들이 물을 건너기 위해 신발을 벗고 있는 것을 본 고막대사는 중생을 위하는 마음에서 도술을 부려 하루 만에 이 다리를 놓았다. 불도를 닦는 승려가 중생의 어려움을 보살펴서 월천공덕(越川功德)의 하나로 다리를 놓았기 때문에 이 다리를 건너는 사람들은 모두 하나같이 고막대사의 공적을 칭찬하게 되었고, 그로 인해 이곳의 지명이나 강 이름 등이 모두 고막으로 불리게 되었다는 것이다.

그러나 고막이라는 승려가 신통한 술법으로 하루 만에 돌다리를 놓았다는 말은 전설에 불과할 뿐 어떤 역사적 근거도 가지지 못하기 때문에 이것을 그대로 믿을 수는 없을 것이다. 이 전설을 그대로 믿는다면 이곳이 고려 말까지는 별로 번화하지 못했고 별다른 이름도 없었다는 말이 된다. 국가에서 운영하는 공공 숙소였던 원은 고대국가의 형성기인 삼국시대부터 있어 왔던 것이므로, 고려시대에 설치되었던 원의 흔적이 남아 있을 정도라면 이곳은 백제시대부터 항구도시로 발달하였을 가능성이 매우 크다. 따라서 그때부터나 그 이전부터 고막이라는 지명이 형성되어 있었다고 보는 것이 올바른 해석이 될 것이다.

고막천 돌다리는 그 역사성과 예술성이 인정되어 2003년 3월 14일 보물 제1372호로 지정되었는데, 문화재청의 설명에 의하면 1390년에서 1495년 무렵에 축조된 다리로 우리나라에서 가장 오래된 돌다리다. 이 다리의 축조 연대를 밝히기 위해 문화재청에서는 2001년에 다리를 모두 해체하고 보수하면서 교각 부근에 박혀 있던 나무말뚝 일부를 가져다가 국립과학연구소에 탄소 연대측정을 의뢰했다. 그 결과, 연대 오차를 50년 정도로 잡았을 때 1390년에서 1495년 사이에 축조된 것으로 추정된다는 결론을 얻은 것이다.

고막천 돌다리의 총길이는 20m, 폭은 3.5m며, 다리의 높이는 2.5m로, 5개의 교각을 세운 다음 그 위에 돌과 돌을 서로 엇갈리게 결합시켜 놓은 우물마루 형식의 상판을 결구해서 만든 널다리 형태의 교량이다. 우리나라의 돌다리는 아치형인 홍예교와 난간이 없으면서 평평한 모양을 가진 널다리로 구분되는데, 고막천 돌다리는 투박하게 만든 널다리 형태를 갖추고 있으면서도 700년 이상

거센 물살을 이겨온 다리다.

고막천 돌다리는 여러 가지 특징이 있는데, 널다리 형태면서도 목조가구의 결구수법(結構手法)인 주두(柱頭)의 가구법(架構法)을 택하고 있는 것이 첫 번째 특징이다. 주두는 목조 건물을 지을 때 기둥의 머리 위에 놓여 포작을 받아 공포(空砲)를 구성하는 접시처럼 생긴 것을 말하는데, 기둥과 기둥을 결구하는 방식이 바로 주두의 가구법이다. 다리를 만드는 데에도 목재를 얽어 짜는 것처럼 했으니, 당시의 다리 축조 기술이 얼마나 뛰어났는지 알 수 있다. 그러므로 대강 얽어 놓은 것처럼 보이는 이 다리의 교각이 오랜 세월 동안 끄떡없이 견딜 수 있었던 것이리라.

이 다리가 가지고 있는 또 하나의 특징은 하천의 하상(河上) 뻘에 교각을 세우는 전 구간에 걸쳐 소나무, 참나무, 느티나무 등의 나무 말뚝을 촘촘히 박은 다음, 그 위에 비교적 규격이 큰 장방형의 돌들을 정교하게 깔아서 급류나 홍수에도 다리의 교각 아래가 파이는 것을 막아 다리가 무너지지 않도록 한 것이다. 그 덕분에 고막천 돌다리는 급류와 홍수 등에도 끄떡하지 않고 오랜 세월을 견딜 수 있었다. 다리의 상판은 난간이 없는 모양으로 되어 있는데, 두 줄로 놓여 있어서 사람이 서로 엇갈려 지나갈 수 있도록 되어 있으며, 다리의 서측 가장자리 경간은 수리 시에 우물마루를 널마루로 깔아놓은 모습을 하고 있어서 상판의 다양한 형식을 보여 주고 있다. 그 지역 사람들의 말에 의하면 다리의 상판을 얼마나 잘 얽어 짰는지 그 위에 좁쌀을 널어서 말려도 한 톨도 아래로 빠지지 않을 만큼 촘촘했다고 한다.

이 다리는 고막리 사람들이 들판에 일하러 나가는 중요한 통로기도 했는데, 수십 년 전까지만 해도 마을 사람들의 쉼터 구실도

톡톡히 했다. 동네가 한창 번성할 때는 가구 수가 100호를 넘었는데, 여름이 되면 일을 하다가 다리 위에서 쉬기도 하고, 밤이 되면이곳에서 줄줄이 누워서 자기도 했다고 한다. 다리 아래의 물살이빨라서 모기도 없기 때문에 덥고 갑갑한 집안보다는 다리 위가 훨씬 시원해서였다. 잠을 험하게 자는 사람은 가끔 다리 아래로 떨어지기도 했는데, 다친 사람은 한 명도 없었고, 물이 많이 불어 홍수가 나더라도 돌 하나 떠내려가지 않아서 마을 사람들이 모두 신기하게 여겼다.

이처럼 고막천 돌다리는 교량사적인 면에서도 그렇고 문화사적인 면에서도 매우 중요한 의미를 가지는 문화재다. 그 가치를 인정받아 최근에는 국가의 보물로 지정되었으나 안타깝게도 그 보존과수리에는 거의 손길이 미치지 못하고 있다. 더구나 다리의 동쪽에는 돌로 쌓은 7~8m 정도 길이의 석축도로가 섬 모양으로 연결되고 있어서 다리 모양을 일그러뜨리고 있으며, 그곳에서부터 다시물을 건너기 위해 최근에 세운 다리는 콘크리트로 만들어서 그 모양은 볼품사납기가 이루 말할 수조차 없을 정도다. 그나마 다행인것은 일제강점기 때 수리를 잘못해서 삐걱거리는 교각의 돌들을바로 잡은 것인데, 이것도 문제가 없지는 않다. 왜냐하면 그 전에는 곡식 한 톨이 빠지지 않을 정도로 촘촘하던 상판에 틈이 벌어져서 옛날과 같지 않기 때문이다. 그리고 보면 현대의 첨단기술로도해내지 못하는 놀라운 일을 선조들은 해낸 것인데, 우리들은 그런기술을 제대로 이어받거나 지키지도 못하고 있는 것이다. 그저 보물로 지정만 하고 제대로 보존하지 못하고 있으니 안타까운 일이아닐 수 없다.

chapter 4

부모와 자식을 잇다

부모와 자식을 잇다

다리 밑에서 아이 주워 왔다는 청다리

지금은 별로 쓰지 않는 말이지만, 수십 년 전만 해도 어른들이 아이들을 어르거나 놀릴 때 "너는 어느 다리 밑에서 주워왔고, 네 진짜 엄마는 지금도 그곳에서 예쁜 옷과 맛있는 음식을 해놓고 울면서 너를 기다리고 있다"는 말을 종종 하곤 했다. 어른들의 그 말을 처음부터 믿는 꼬마는 한 명도 없을 것이다. 그러나 기회가 있을 때마다 같은 말을 되풀이하는 어른들의 속임수에 넘어간 아이들은 결국 자신을 주워온 아이라 여기게 되고, 나중에는 서럽게 울다가 급기야는 친엄마를 찾아가리라 결심하고 보따리를 싸서 집을 나서는 경우도 있었다.

그만큼 '다리 밑에서 아이를 주워왔다'는 말은 우리 삶 속에서 살아 움직이는 생활문화의 한 부분이었다. 필자도 초등학교 저학년 시절에 어른들이 하는 그 말을 듣고 동네에서 3km나 떨어진 '청다리' 밑으로 엄마를 찾으러 간 적이 있었다. 만약 지금 초등학교에 다니는 아이들에게 이런 말을 해준다면 인터넷으로 그 말의 사실 여부를 확인한 다음 다리 밑에서 아이를 주워왔다는 것이 어째서 거짓말인지를 설명하면서 어른들을 가르치려 들지도 모를 일

'아이를 다리 밑에서 주워왔다'는 말을 낳게 한 순흥 청다리 표석. 지금은 콘크리트 다리지만 원래 모습을 복원할 수 있는 석재가 발굴되고 있다.

이다. 여하튼 지금은 '다리 밑에서 주워왔다'는 말은 그 효력을 완전히 잃고 말았다.

그런데, 이 표현 중에 등장하는 다리를 종합해보면 아이가 살고 있는 지역을 중심으로 한다는 특징을 갖고 있다. 예를 들면 서울의 경우는 청계천 다리 밑이 가장 많이 등장하고, 부산 부근에서는 영도다리 밑이 가장 많이 등장하며, 다른 지역들도 각 지역의 특성에 따라 그곳에서 가장 유명한 다리가 등장하는 것을 볼 수 있다. 이러한 현상은 아이들의 눈높이에 맞추어 이야기를 만들어내야 그럴듯하게 들릴 것이기 때문이라 여겨진다. 그렇다면 오랫동안 우리 문화 속에 깊이 뿌리 내렸던 '아이를 다리 밑에서 주워왔다' 는 이 말은 과연 어디에서 생겨났고, 또 어느 정도의 신빙성을 가지고 있는 것일까? 그리고 그 말을 처음으로 낳게 한 다리에는 어떤 사연이 담겨 있는 것일까?

'아이를 다리 밑에서 주워왔다' 는 말의 발생지가 된 다리는 경상북도 영주시 순흥에 있는 '청다리'인데, 소백산에서 흘러내린 죽계천을 건너는 다리가 그것이다. 우리나라 최초의 사액사원인 소수서원에서 신라의 천년 고찰인 부석사로 가는 길을 이어주는 다리가 바로 '청다리'인데, 수십 년 전까지만 해도 시내를 가로질러 통나무를 걸친 다음 그 위에 소나무 가지와 흙을 덮어서 우마차가 다닐 수 있도록 한 나무다리 형태를 가지고 있었다. 그러나 지금은 어디에서나 볼 수 있는 평범한 콘크리트 다리로 바뀌어서 옛 모습을 완전히 잃어버렸다. 그러던 중 최근에는 한 가지 반가운 소식이 전해졌다. 2008년 5월 영주시가 순흥의 청다리로 추정되는 석조물 7점을 장수면 두전리 244번지 일대에 쌓여 있던 돌무더기를 조사하던 중 찾았다고 밝힌 것이다. 10년 전 죽계천 하류에서 하천 준설공사 당시 청다리 부재로 추정되는 석조물 등이 하천석에 섞여 반출되었다는 소문을 듣고 영주시 문화관광과가 사실을 확인하는 과정에서 발견했다는 것이었다. 이번에 발견된 부재는 청다리 상판을 받치는 기둥 돌로 추정되는 석재 1점과 하천 제방에 기초석으로 추정되는 부재들인데, 시 관계자는 "이번에 발견된 부재들과 앞서 발견된 청다리 교각과 교각 받침석 등을 토대로 관계 전문가의 자문을 받아 청다리 복원을 신중히 검토할 계획이다" 라고 했다. 이처럼 청다리 복원을 기대할 수 있게 된 것은 의미 있는 일이라 하겠다.

이 다리는 우리말로 '청다리'라 하고, 한자어로는 맑은 달을 감상한다는 뜻을 지닌 '제월교(霽月橋)'라 부르며, 살아 있는 부모에게는 효도지만 돌아가신 부모에게는 불효라는 뜻을 지닌 '효불효다리(孝不孝橋)' 등으로 불린다. 이처럼 여러 명칭을 가진 다리지만 가장 일반적으로 알려진 이름은 역시 '청다리'고, 다리 밑에서 아이를 주워왔다는 말은 원래 표현대로 한다면 '순흥 청다리 밑에서 주워왔다'가 된다. 이 다리가 '청다리'가 된 데에는 기가 막힌 사연이 있는데, 그 자체로 상당한 문화적 가치를 가지고 있다. '청다리'를 만들게 된 사연은 이러하다.

옛날 옛적 고려 때에 있었던 일이다. 죽계천 북쪽에는 아들 셋을 키우면서 혼자 사는 과부가 있었고, 남쪽에는 신을 삼아서 팔아 생계를 유지해나가는 신발장수가 홀아비로 살고 있었다. 백두대간의 중심 줄기를 이루는 소백산 바로 아래에 위치한 이곳은, 신라가 한강 유역을 차지하기 위해 중시한 전진기지이자 국가의 경제 발전에도 대단히 중요한 지역이었기 때문에 엄청나게 큰 도시가 발달하였다. 순흥의 이런 발전은 고려시대까지 계속되어 '북쪽에 개성이 있다면 남쪽에는 순흥이 있다(北開南順)'라는 말이 있을 정도였다. 도시가 얼마나 컸던지 비가 올 때면 처마에서 처마로만 가도 비를 맞지 않고 십 리를 갈 정도였다고 한다. 이런 순흥의 북쪽 맨 끝이 바로 '청다리'가 있는 죽계천이었는데, 이 시내의 북쪽 마을에 사는 과부는 장날이 되면 자신이 지은 곡식을 머리에 이고 죽계천을 건너 시장에서 필요한 물건을 바꾸어 오곤 했다. 장터에 간 과부는 물 건너에 사는 신발장수와 오가며 인사를 나누기도 하고, 신발을 사기도 하면서 정이 들었다. 그러다가 오래지 않아서 두 사람은 정을 통하고 말았다.

그러나 아이를 키우면서 사는 과부가 홀아비와 공개적으로 대놓고 연애할 수도 없는 형편인지라 평소에는 인사만 주고받는 척하다가 다른 사람이 잠든 밤에만 몰래 만나서 사랑을 나누곤 했다. 이미 다 장성한 터에 어머니의 그런 행동을 알게 된 과부의 자식들은 어머니가 정인을 만나기 위해 밤마다 물을 건넌다는 것을 알고는 늘 안타까운 마음을 가지고 있었다. 과부가 신발장수를 만나기 위해서는 반드시 죽계천을 건너야 했는데, 그때까지만 해도 시내를 건너는 다리가 없어서 과부 어머니는 늘 신발을 벗은 채 맨발로 물을 건너야만 했던 것이다. 봄이나 여름에는 신발을 벗고 물을 건너도 문제되지 않았지만 가을과 겨울이 되면 물이 차가워지면서 맨발로 물을 건너는 것이 매우 곤혹스러운 일이었다. 온도가 내려가서 싸늘해진 한밤중에 맨발로 물을 건넌다는 것이 보통 문제가 아니었기 때문이다. 그러나 사랑에 빠진 과부 어머니는 연인의 품에 안기는 즐거움 때문에 아무리 추운 겨울이라도 신과 버선을 벗고 맨발로 물을 건너서 신발장수를 만나 사랑을 나누고는 새벽에 돌아오기 일쑤였다.

이런 정황을 알게 된 세 아들은 어머니가 신발장수를 만나러 간 어느 날 밤, 어머니를 위해 자신들이 할 수 있는 것이 무엇이 있을까 상의하기 시작했다. 뾰족한 수를 찾지 못하고 그해 겨울도 그럭저럭 넘기게 되었는데, 마침 들려오는 소문에 중앙정부에서 벼슬이 높은 대감 행차가 부석사를 가기 위해 이곳을 지나갈 것이라 했다. 그 소문을 들은 세 아들은 그곳을 지나가는 대감 행차를 가로막고, 자신들의 애절한 사연을 고한 다음 어머니를 위해 다리를 놓아달라는 청을 드려보리라 마음먹었다.

따뜻한 어느 봄날, 크고 화려한 대감의 행렬이 멀리 물 건너에서 보이기 시작했다. 대감의 행차가 죽계천 가까이에 도착하고 물을 건널 준비를 하고 있을 때 갑자기 그 앞에 세 아들이 무릎을 꿇고 앉아 하소연을 하는 것이었다. 군사들이 이들의 접근을 막았으나 대감을 만나야겠다고 우기는 세 아들과 실랑이를 하는 사이에 이 모양을 본 대감은 무슨 일 때문에 그러느냐고 점잖게 물었다. 그러자 세 아들은 사정을 모두 고한 다음, 대감에게 다리를 놓아달라고 청을 드렸다. 윤리적으로는 말도 안 되는 일을 도와주어야 한다는 사실에 한참을 고민하던 대감은 세 아들에게 약속하기를 "내가 책임지고 다리를 놓아주겠다"고 대답하였다. 대감은 순흥 관아에 연락해서 곧바로 재료를 가져다가 죽계천을 가로지르는 다리를 완성하기에 이르렀으니 세 아들의 소원이 이루어진 것이다.

완성된 다리를 본 대감은 "이 다리는 너희들이 어머니를 위해 청(請)을 넣어서 만든 것이니 '청다리'라고 하는 것이 좋겠다"고 말했고, 그때부터 '청다리'라고 부르게 되었다고 한다. 이런 사연 덕분에 '청다리'는 인근 지역에서는 꽤나 유명한 다리가 되었는데, 전국적으로 더욱 유명해지게 된 것은 우리나라 최초의 사립 교육기관인 소수서원이 세워지면서부터다.

소수서원은 중종 36년인 1541년에 풍기군수 주세붕이 큰 불이 나서 없어진 숙수사라는 사찰이 있던 자리에 우리나라 주자학의 비조로 손꼽히는 안향을 모시는 사묘(祠廟)를 세운 이듬해에 백운동 서원을 건립한 것이 시초였다. 그 후 명종 5년인 1550년에 역시 풍기군수로 있던 퇴계 이황이 임금께 사액을 받아 끊어진 주자학을 다시 세운다는 뜻을 지닌 소수서원으로 고쳤으니, 우리나라의 체계적인 사립대학은 여기에서 시작된 셈이다. 이처럼 그때까지 없었던 새로운 교육제도인 서원이 맨 처음으로 순흥에 만들어지자, 이때부터 전국의 선비들이 공부와 수양을 위해 이곳으로 구름처럼 모여들었다. 그리고 순흥은 더욱 번성하게 되었다.

소수서원에서 공부하기 위해 전국에서 모여든 선비들은 혈기왕성한 젊은이들이었는데, 이들은 공부하는 틈틈이 그 지역의 처녀들과 사랑을 나누었으니 이때부터 사회적인 문제가 대두되기 시작했다. 왜냐하면 젊은 청춘남녀가 서로 사랑을 하면 거의 필연적으로 생기는 것이 바로 아이 문제인데, 현대사회와 달리 당시 여성들은 아이를 가지면 낳을 수밖에 없는 형편이었다. 그러나 남녀가 유별한 조선 사회에서 혼인하지 않은 처녀가 아이를 낳는다는 것은 보통 사건이 아니었으므로 당사자 집안에서는 비밀리에 이 일을 해결하지 않으면 안 되었다. 궁여지책으로 처녀 집안에서 고안해 낸 방법이 바로 아이를 내다버리는 것이었는데, 처녀가 아이를 낳은 즉시 그 아기를 강보에 싸서 한밤중에 소수서원 옆에 있는 '청다리' 밑에 갖다놓는 것이었다. 이렇게 해서 버려진 아이는 누군가가 데려가지 않으면 죽을 수밖에 없었다.

이 소문이 입에서 입으로 퍼져나가자 이번에는 아이를 갖지 못하는 사람들이 전국에서 구름처럼 모여들었다는 것이다. 그 당시 선비라면 최고의 신분인데다가 똑똑한 사람이라고 여겼을 것이기 때문에 그 핏줄을 데려가서 키우는 것은 아이를 낳지 못하는 집안으로서는 욕심낼 일이 아닐 수 없었다. 이렇게 하여 전국에서 몰려든 불임부부들은 운이 좋으면 도착한 다음 날 새벽에 아이를 얻어서 고향으로 돌아가기도 했는데, 운이 나쁜 사람은 몇 달씩 기다려서야 아이를 얻어가기도 했다고 한다. 이렇게 입양된 아이가 어느 정도인지는 정확하게 알 수 없지만 그런 소문이 전국적으로 퍼지면서 생겨난 이야기가 바로 "너는 아주 갓난아기 때 순흥 청다리 밑에 버려진 것을 주워왔는데, 너의 어머니는 지금도 그곳에서 호떡을 팔면서 너를 기다리고 있다더라. 내가 얼마 전에도 그곳을 가 봤는데, 네가 오기만을 기다리면서 날마다 울지 않는 날이 없다고 하더라”는 말이다. 지금도 그 말이 남아 있을 정도니 그 당시에는 상당수의 아이가 이런 경로를 통해서 입양되었다고 보아도 좋을 것이다.

이렇게 생겨난 “청다리 밑에서 주워왔다”는 말은 오랜 세월을 지나면서 변화를 거듭하여 현대에 들어와서는 해당 지역의 다리를 증거물로 하는 이야기로 탈바꿈하게 되었다. 한국전쟁을 거치면서 부산의 영도다리가 등장하게 되고, 그 후에는 서울의 청계천 다리가 등장하게 된 것으로 보인다. 그러나 안타까운 일은 정작 이 문화의 발상지인 순흥에 가보면 이런 흔적을 전혀 찾아볼 수 없다는 것이다. 지방자치제가 시행되면서 각 지자체는 그 지역의 문화적 특징을 보여주기 위한 상징을 하나씩 만들었는데, 이 과정에서 영주시가 선비문화를 내세우면서 ‘청다리’ 문화는 사라지게 된 것이다.

그런데, 더욱 놀라운 것은 ‘청다리’ 문화를 보존하지 않는 데 그치는 것이 아니라 오랫동안 구전된 사실조차도 부정하면서 선비의 고장에서 그런 일이 있을 수 없다고 강변하는 이까지 나타나고 있다는 데 있다. 이러한 주장은 주로 문화유적을 해설하는 사람들이 펴고 있는데, 조직적으로 문화를 왜곡하는 교육을 시키는 것이 아닌가 하는 의구심이 들 정도다.

사실 ‘청다리’ 문화는 그것을 콘텐츠로 개발하여 상품화하면 좋은 관광자원이 될 수도 있다. 왜냐하면 우리나라 국민이라면 누구나 알고 있는 것이 바로 ‘다리 밑에서 아이 주워왔다’ 는 말인데다,

옛 모습의 '청다리'를 복원하여 복합적인 문화공간으로 재창조하고 제대로 홍보하기만 한다면 관광객을 맞는 문화상품으로 만들 수 있기 때문이다. 해당 지역의 행정 담당자나 지역문화를 이끄는 이들이 생각을 전향적으로 바꾸어볼 것을 기대해 본다.

세종과 성종의 효심이 서려 있는 살곶이다리

맏아들이었던 양녕대군이 세자로서의 본분을 망각하고 주색잡기로만 시간을 보내면서 성군이 될 가능성을 보여주지 못하자 조선 제3대 임금인 태종은 왕위에 오른 지 18년이 되는 1418년 6월 3일 결단을 내렸다. 양녕대군을 세자에서 폐하여 경기도 광주로 내치고, 셋째아들인 충녕대군을 세자로 책봉한 것이다. 충녕에게 왕위를 물려 준 태종은 그로부터 두 달 여가 지난 8월 11일에 상왕으로 물러앉았다. 그리하여 조선 제4대 임금인 세종이 새로 옥좌에 올랐으니 당시 나이가 스물두 살이었다.

세종이 왕위를 물려받기는 했지만 아직 정치 경험이 부족한지라 태종은 권력을 모두 넘겨주지 않고 병권은 가지고 있는 상태였다. 이에 대해 태종은 평소에 말하기를 "내가 임금 자리에서 물러난 것은 본시 세상일을 잊어버리고 한가롭게 지내고자 함에서였다. 그러나 유독 군사 문제만은 아직도 내가 가지고 있는 것은 주상이 아직 나이가 젊어 군무를 모르기 때문이다. 허나 나이 30이 되어 일에 대한 경험이 많아지면 다 맡길 생각이다"고 하였다. 이렇게 되고 보니 나라의 중요한 일을 임금보다는 상왕인 태종에게 상의하는 일이 많았는데, 이것이 귀찮아진 태종은 서울 동쪽 벌판

살곶이다리는 조선시대 내내 잘 보전되었지만 오늘날의 다리는 원래의 모양새를 잃은 상태로 남아 있다.

인 살곶이벌 부근에 있는 낙천정으로 가서 지내다가 나중에는 아예 그곳으로 거처를 옮기고 말았다.

살곶이벌은 경복궁의 동남쪽에 있는 넓고 평평한 지역으로 지금의 한양대학교 앞을 흐르는 중랑천 하류를 건너서 뚝섬 부근에서 자양동 일대를 지칭하는 지명인데, 활쏘기와 사냥을 좋아하는 태조 이성계가 응봉동 부근에서 활을 쏘면 화살을 맞은 사냥감이 그 부근에 주로 떨어졌기 때문에 그런 이름이 붙었다고 전해진다. 살곶이벌은 넓은 평야와 풍부한 목초지를 가지고 있는 땅이었기 때문에 조선 초기부터 나라의 말을 놓아 기르는 국가목장과 왕실의 사냥터, 그리고 봄과 가을 두 차례에 걸쳐 장수와 군사를 모아 임금이 친히 열병식을 거행하던 강무장 등이 있었던 중요한 곳이다. 또한 왕비가 친히 행차하여 양잠 시범을 보이는 잠실로 가기 위해서는 반드시 이 길을 이용해야 했기 때문에 살곶이벌은 사람들의 왕래가 상당히 많은데다 사냥이나 강무 등을 위해 임금도 자주 행차하는 곳이기도 했다.

왕실의 사냥터기도 했던 이곳이 태조가 행차하여 사냥을 한 연유로 인해 살곶이로 되는 바람에 청계천과 중랑천이 만나서 내려오는 이 강물을 조선시대에는 살곶이천이라고 불렀는데, 강폭이 상당히 넓었던 관계로 세종조 초기까지만 해도 돌로 만든 안정된 다리를 놓지 못하고 임금이 행차할 때마다 나무와 흙으로 다리를 놓아서 임시방편으로 사용했던 것으로 보인다. 그런데, 세종이 즉위한 이듬해인 1419년부터 약간의 문제가 발생하기 시작하였다. 왜냐하면 상왕으로 물러나기는 했지만 병권을 가지고 있는 태종이 퇴위하자마자 짓기 시작했던 이궁(離宮)인 낙천정이 완성되자 궁 안에 있는 날보다 그곳에서 지내는 시간이 훨씬 많아졌고, 이렇게 되자 많은 신하들이 업무 보고를 위해 살곶이벌을 뻔질나게 드나들어야 했다. 세종도 거의 매일 문안인사를 드리기 위해 살곶이천을 건너 낙천정까지 행차해야 하는 일이 발생했다. 유학을 정치이념으로 하던 조선시대였기 때문에 부모에게 문안인사를 하지 않는 것은 상상도 할 수 없는 일이었는데, 일반 백성들에게 귀감을 보이기 위해서라도 임금은 반드시 부모에게 문안인사를 해야 했다. 『세종실록』에 나타난 당시 기록을 보면 세종이 왕위에 오른 때로부터 태종이 포천과 풍양 등에 이궁을 다시 지어 옮겨 다닐 때인 1420년까지 1년 남짓한 시간에 문안인사나 연회, 그리고 정치적 자문을 위해 세종이 낙천정에 행차한 횟수가 200회 이상이라고 한다. 세종 역시 궁 안에 있는 시간보다 부모가 계시는 낙천정에 가 있는 시간이 훨씬 많았다는 것을 알 수 있다. 특히 태종은 맏아들인 양녕대군을 세자에서 폐위시킨 후 이천으로 내쫓은 것이 못내 마음에 걸렸기 때문에 종친들과 함께 양녕을 불러서 자주 회합을 가졌는데, 형의 자리를 빼앗은 처지가 된 세종으로서는 자연 이런 행사에 참석하지 않을 수 없었던 것이다.

나라의 일로, 혹은 개인적인 문안이나 연회 참석 등으로 낙천정에 자주 행차해야 하는 세종과 신하들은 살곶이천을 건널 때마다 불편하기가 이루 말할 수 없었는데, 세종 2년인 1420년 2월에는 태종이 아예 낙천정으로 거처를 옮겨버리고 말았다. 이렇게 되자 세종으로서도 묘안을 내지 않을 수 없었으니 신하들과 의논하여 그해 5월 2일에 군신이 합심하여 살곶이천에 돌다리를 놓기로 결정했다.

이렇게 하여 시작한 살곶이다리 공사는 홍수에도 잘 떠내려가지 않도록 돌다리를 놓기로 했는데, 이 소식을 들은 상왕 태종은 영의정 유정현과 공조판서 박자청에게 명을 내려 다리 놓는 일을 직접 감독하도록 하였다. 나라에서 하는 일인데다 상왕이 명을 내려 영의정까지 감독관으로 나섰으니 일의 진척 속도가 빨랐다. 하지만 강의 폭이 워낙 넓어서 간단하게 끝날 공사는 아니었다. 그로부터 열흘 정도가 지난 뒤인 5월 16일은 태종의 생일이었는데, 세종을 비롯한 여러 신하들이 낙천정에서 상왕의 탄신일을 축하하는 잔치를 열었다. 그 자리에서 태종은 이렇게 말했다.

"나는 일찍이 생각하기를 살곶이내(箭串川)의 돌다리는 쉽게 되지 않을 것으로 여겼다. 이제 대신의 의논을 따라 역사를 시작한 지 이미 여러 날이 되었으나 아직 완성되지 못했으니 걱정이 아닐 수 없다. 일하는 사람들이 비록 농사꾼은 아니라 하더라도, 삼복고열(三伏苦熱)에 사람에게 일을 시키는 것은 마땅치 않다고 본다. 예전에는 백성을 부리는 것도 때를 가려서 했기 때문이다. 하물며 장맛비 오기 전에 반드시 역사를 마칠 수도 없는 것이니, 마땅히 역사를 중지하고 가을이 되기를 기다려서 다시 하는 것이 어떠한가?"

이 말을 받아 영의정 유정현이 아뢰었다.

"다리의 기초 공사가 이미 반쯤 진척되었사온즉, 이미 된 곳은 근일 중에 마치게 될 것이오니, 시작하지 아니한 곳만은 가을이 되기를 기다려 역사를 마치게 할까 하나이다."

태종은 그렇게 하도록 허락하였다. 그러나 살곶이다리 공사는 그 뒤로 다시 시작하기가 어려웠다. 세종 3년부터 시작된 도성 안의 물길을 열어서 홍수를 방지하는 개천축성공사를 비롯한 여러 공사 때문에 그곳까지 여력이 미치지 못하였기 때문이다. 그러다가 세종 4년인 1422년 5월에 태종이 세상을 떠나자 더 이상 낙천정에 행차할 일이 없었고, 살곶이다리의 공사는 기본 교각만 세워진 상태에서 사람들의 관심에서 멀어지면서 흐지부지될 수밖에 없었다. 이처럼 중단되었던 살곶이다리 공사가 다시 시작된 때는 그로부터 50여 년이 지난 성종 6년인 1475년이었다. 살곶이다리에 대해서는 성현이 지은 『용재총화(慵齋叢話)』에 나와 있는 내용이 가장 자세한데, 그 기록에 의하면 다음과 같은 이야기가 있다.

지금의 양화대교 부근인 양화도 북쪽 언덕에는 희우정(喜雨亭)이라는 정자가 있는데, 태종의 아들인 효령대군의 집이었다가 나중에는 월산대군의 소유로 되었다. 성종이 해마다 농사가 잘되고 못된 형편을 살필 때와 나라의 세금으로 바쳐진 곡식을 실어 나르는 배를 모아 수전(水戰)을 익힐 때면 친히 행차하였는데, 멀리 바다가 보인다는 뜻을 가진 망원정(望遠亭)으로 이름을 바꾸었다. 성종께서는 자신이 직접 어제시(御製詩) 몇 수를 짓기도 했는데, 시를 잘 짓는 신하들에게 명하여 모두 어제시에 차운하게 한 다음 그것을 판에 새겨서 정자 위에 걸어두었다.

월산대군이 세상을 떠난 뒤로는 망원정에는 가지 않고, 제천정(齊川亭)에 자주 행차했으나 정자가 좁은 까닭에 수리를 하도록 명을 내렸다. 이때 어떤 중이 살곶이다리를 만들었는데, 많은 돌을 캐내어 대천을 건너는 다리를 만든 것이 있다. 그 다리의 길이가 300여 보를 넘고 안전하기가 집 안에 있는 것과 같아서 행인이 평지를 밟는 것과 같았다. 그리하여 성종은 그 중을 유능하다고 여겨 제천정을 새롭게 짓도록 명하였다. 국력을 들이지 않도록 하기 위하여 곡식과 옷감을 많이 주었는데, 중은 낭비만 하고 몇 년이 되어도 성과가 없이 겨우 동우(棟宇)만을 세워 성종이 끝내 올라가 보지 못하였으므로 모든 신하들이 슬퍼하였다. 그 뒤에 중국에서 온 사신인 왕헌신이 올 때 조정에서 힘을 써서 수축을 마치고 단청을 가하여서 사신이 유람을 할 수 있게 하였다.

이 기록으로 볼 때 살곶이다리는 성종 때에 완성되었음을 알 수 있는데, 공사를 잘하는 승려로 학식까지 갖춘 사람이 만들었다는 사실을 확인할 수 있다. 이때에 다리를 놓은 승려가 누구인지를 밝혀놓고 있지 않기 때문에 정확한 인명을 알 수는 없지만 『조선왕조실록』의 기록을 토대로 하여 볼 때 설준이란 승려가 아니었나 싶다. 설준은 원래 세종 때 서울에 사는 사족의 아들이었는데, 나이가 어렸을 때는 안평대군 이용의 문하에서 교류하며 글을 배운 덕에 승려 치고는 어느 정도 문리(文理)를 알았다고 한다. 그러다가 나름대로 삶에 무상함을 느끼고 젊어서 머리를 깎고 중이 되었다. 글을 좀 아는 이유로 불경을 베껴서 사람들에게 나누어준다는 구실로 속세의 마을에 자주 출입하면서 부녀자와 간통하고, 재물을 탐내서 계율을 범하는 일이 매우 잦았다. 설준이 세조 시대부터 권세를 부리면서 못된 짓을 많이 하게 된 데는 건축과 공사에 대해 그가 지니고 있는 능력이 탁월한 탓도 있었다. 왕이 되지 못하고 세상을 떠난 남편을 추모하기 위해 인수대비는 그에게 정인사 건축의 책임을 맡겼다. 그런 관계로 설준이 아무리 못된 짓을 해도 성종으로서는 마음대로 처벌하기 어려웠던 것이다.

살곶이다리의 공사가 시작된 때는 성종이 아직 어린 나이인 1475년이었다고 하니 이때는 인수대비의 입김이 아주 강하게 작용하던 때인지라 설준이 살곶이다리와 망원정 등을 놓고 수리하는 책임을 맡았을 가능성이 충분히 있었다. 기초공사는 이미 세종 때에 했기 때문에 다리를 만드는 재료와 인력만 동원하면 쉽게 만들 수 있었을 것으로 보이는 살곶이다리가 완성되기까지 8년이란 세월이 걸린 것을 보면 다리를 만드는 책임자인 승려가 얼마나 엉터리로 공사 감독을 했는지 짐작할 수 있다. 수많은 우여곡절을 겪으면서 60여 년 만에 완성된 살곶이다리지만 다리에 들인 돈과 시간 덕에 상당히 튼튼하게 잘 지어졌던 것으로 보인다. 이 다리가 완성되자 많은 사람들이 평지를 걷듯이 편안하게 물을 건널 수 있게 되었는데, 이를 본 성종은 제반교(濟盤橋)라는 이름을 직접 지어서 붙이기까지 하였다.

이러한 사연을 가지고 있는 살곶이다리는 살곶이천 양옆 좌우의 교안(橋岸)을 장대석으로 쌓고 마름모꼴의 네모난 돌기둥 교각을 네 줄로 나란히 한 다음 그런 것을 16개나 세웠다. 「경성부사(京城府史)」에는 살곶이다리를 실측한 결과가 기록되어 있는데, 이에 따르면 교폭은 약 6m고, 다리의 길이는 약 75.75m라고 되어 있다. 또한 교각과 교각 사이의 간격은 대략 3.4m 정도며, 다리의 높이는 하천으로부터 3.3m 내외고, 기둥의 높이는 1.2m 정도다. 돌기둥 위를 3장의 장대석을 건너지른 다음 그 위에 다시 귀틀돌을 놓아 청판돌을 받치게 한 구조다. 또한 돌기둥의 아래에는 네모난 모양을 한 주초가 있으며, 그 아래에는 주초받침돌이 받치고 있는데 초석과 초석 사이에는 다시 포석을 깔아서 기초를 매우 단단하게 한 것이 특징이다.

돌기둥은 큰 혹두기로 표면을 가공하면서 정으로 쫀 흔적이 많은 점으로 보아 물의 저항을 최대한 줄이는 방법을 썼고, 다리를 조립할 때는 작은 돌을 많이 사용하여 돌과 돌 사이의 뜬 곳을 메웠는데, 나란히 세워진 4개의 교각 중에서 가운데 2개는 다른 교각보다 20~40cm씩 낮게 만들어 세운 것으로 보아, 다리의 중량을 안으로 몰리게 하는 수법을 썼다. 하중을 많이 받지 않는 다리로서 역학적인 안정성을 확보한 것 또한 다른 돌다리에서는 보기 힘든 특징이라고 할 수 있다. 다리의 상판은 세 줄로 판석을 깔아서 수평이 되도록 했는데, 돌다리에 으레 세우는 석난간을 전혀 세우지 않아서 화려하지는 않지만 넓고 안정된 느낌을 주는 중후함을 가지도록 하였다. 다리 형태가 종횡으로 둥근 곡면을 이루어 잘 조화되어 있는 까닭에 부드러운 느낌을 주며, 각 부의 석재가 장대하고 질박하여, 소박하고 호쾌한 느낌을 주는 것이 살곶이다리의 전체적인 특징이다.

살곶이다리는 처음에는 세종이 부왕인 태종이 계신 낙천정에 행차할 때 물을 건너는 번거로움을 피하기 위해 시작했지만, 나중에는 서울과 지방을 이어주는 중요한 교통로로서의 가치가 더 부각

되었던 것으로 보인다. 도성의 동쪽과 남쪽으로 가기 위해서는 반드시 한강을 건너야 하는데, 두 개의 중요한 교통로가 있었다. 하나는 동대문을 지나 장한평을 거쳐 광나루를 건너 강원도를 비롯한 북동쪽의 내륙으로 통하는 길이고, 다른 하나는 광희문을 지나 낙천정 나루에서 한강을 건너 잠실과 송파를 거쳐 광주와 이천을 지나 충주와 죽령을 넘어 영남으로 이어지는 길이 그것이다. 이처럼 중요한 두 방향의 교통로를 가로막고 있는 것이 바로 의정부에서 내려오는 중랑천이었기 때문에 물자와 인력의 원활한 소통을 위해서는 이곳을 안전하게 건너는 다리가 필요했던 것이다.

그런 이유 때문에 성종 시대에 살곶이천을 건너는 돌다리를 두 개나 놓았는데, 하나는 도성의 동쪽으로 가는 중요한 통로인 동대문 밖의 하천에 영도교(永渡橋)를 놓은 것이고, 동남 방향으로 가는 길목에는 살곶이다리로 불리는 제반교를 놓은 것이었다. 이처럼 살곶이다리가 시대적이고 경제적인 필요에 의해 완성된 것은 사실이지만 다리를 처음 놓게 된 동기는 효심에서 비롯되었다.

이러한 살곶이다리는 조선시대 내내 잘 보존되어 왔는데, 대원군이 경복궁을 중수할 때 필요한 석재를 보충하기 위하여 다리의 일부를 뜯어갔다는 이야기가 전해 내려오기도 한다. 지금의 한양대학교 옆 성동구 행당동 58번지에 위치한 살곶이다리는 일제강점기를 지나면서 1913년에 다리 상판 부분을 콘크리트로 보수하여 사용하였는데, 1920년경에 일어난 홍수로 다리 일부가 물에 떠내려갔고, 1938년 5월에 성동교라는 콘크리트 다리가 만들어지자 다리로서의 용도를 잃어버리게 되었다. 그러다가 1972년이 되어서야 서울시에서 다리를 보수하기에 이르렀다. 그러나 다리의 일부를 콘크리트 교량으로 잇대어서 증설함으로써 원래의 모양새를 많이 잃어버린 상태로 오늘에 이르고 있다.

　살곶이다리는 서울의 동남쪽으로 통하는 주요 교통로였으며, 왕
실의 목장과 강무장 등으로 통하는 다리로 오랜 역사를 가지고 있
어서 문화적 가치가 높은 만큼 지금이라도 콘크리트를 떼어내고
원형대로 복원해야 하지 않나 하는 생각을 해본다.

정조의 효심이 서려 있는 만안교

조선 제22대 왕으로 1776년 보위에 올라 1800년까지 치세한 정조
는 이름이 산(祘)이다. 정조의 아버지는 제21대 왕인 영조에 의해
뒤주에 갇혀서 비극적으로 삶을 마감한, 사도세자로 널리 알려진
장헌세자며, 『한중록(閑中錄)』을 쓴 것으로 유명한 혜경궁 홍씨가
어머니로 그 사이에서 맏아들로 태어났다. 정조의 아버지였던 사
도세자는 영조의 나이 40이 넘어서 태어난 까닭에 걸음마를 겨우
뗀 두 살의 나이에 왕세자로 책봉되고, 열 살이 되던 해에 혜경궁
홍씨와 혼인하여 별궁에 거처하였다. 그러나 날이 갈수록 심해지
는 당쟁의 소용돌이 속에서 사도세자와 영조의 사이는 점점 멀어
져갔고, 급기야 아버지에 의해 자살을 종용받는 지경에까지 이르
고 만다. 그 와중에 정조는 8세가 되던 1759년에 세손으로 책봉되
었는데, 1762년에 사도세자가 뒤주에 갇혀서 세상을 떠나게 되자
곧바로 세자로 책봉되었다. 1775년에는 할아버지인 영조가 세상
을 떠나자 왕위를 계승하여 보위에 올랐다.

　어린 나이였지만 아버지의 죽음을 직접 겪었고, 세손이 된 뒤에
도 계속해서 생명에 위협을 느꼈던 정조는 자신의 정치 여정에 걸

림돌이 되는 정적들을 제거함과 동시에 왕의 총애를 등에 업고 세
도정치를 자행하던 홍국영까지 축출하면서 완전한 친정체제를 구
축했다. 이와 함께 정조는 규장각을 설치해 문화정치를 본격적으
로 펼쳐나갔는데, 이러한 업적에 힘입어 정조 시대는 조선시대의
르네상스라는 평을 받기도 하였다.

　이처럼 정조는 강력한 리더십을 발휘하면서 당쟁으로 얼룩진 조
선 사회를 이끌어나갔지만 내면적으로는 가슴에 맺힌 응어리가 많
은 사람이었다. 그것은 어릴 때 할아버지인 영조에 의해 참혹하게
세상을 떠난 아버지 사도세자를 향한 그리움이었다. 아버지의 죽
음은 젊어서 남편을 잃고 아들마저 잃을까 봐 노심초사했던 어머
니 혜경궁 홍씨의 마음을 헤아리는 정조에게 큰 상처를 남겼다. 보
위에 오르자마자 그가 한 일은 아버지를 죽음으로 몰고 갔던 노론
세력을 척결함과 동시에 사도세자를 신원하는 일이었다. 세상을
떠날 당시 사도세자는 서인으로 강등된 상태였다가 죽은 후에야
영조에 의해 왕세자의 봉호(封號)를 회복하였다. 그러나 왕세자의
봉호만 환원되었을 뿐 그의 묘소는 릉(陵)이 아닌 원(園)으로 낮춰
진 상태로 경기도 양주의 배봉산에 모셔져 있는 상태였다.

　보위에 오른 정조가 친정체제를 구축하기 위한 정치적 개혁을
단행함과 동시에 진행한 것은 바로 자신이 비명에 세상을 떠난 사
도세자의 아들임을 밝히면서 사도세자에 대한 공식적인 시호(諡
號)를 왕의 아버지에 맞도록 조정하는 일이었다. 그리하여 정조는
사도세자의 존호(尊號)를 올려 '장헌(莊獻)'이라 하고, 수은묘(垂恩
廟)라고 불리던 묘역의 봉호를 '영우원(永祐園)'이라 고친 다음 비
문을 친히 썼다. 그리고 지금의 서울대학교병원 자리에 사당을 세
워서 '경모궁'이라 하여 모든 면에서 왕의 지위에 걸 맞는 대우를

받도록 하였다. 그로부터 해마다 종묘나 능원 등에 제향을 올리는 한식이 되면 영우원에서 술을 올리고 배례를 행하는 일을 거르지 않았으니, 비명에 죽은 아버지에 대한 그리움과 효성이 얼마나 지극했는지 알 수 있다.

그러나 사도세자에 대한 그리움과 효심이 아무리 크다고 해도, 자신의 아버지를 죽게 한 핵심 세력인 노론이 조정의 실권을 장악하고 있던 것이 엄연한 현실이었다. 그들을 척결하고 친정체제를 구축하는 일이 무엇보다 급하다는 것을 너무나 잘 알고 있던 정조였지만 반대 세력이 워낙 막강했기 때문에 묘역을 옮겨서 능으로 봉하는 것까지는 추진하기 어려웠던 것으로 보인다.

정조가 사도세자의 묘역을 지금의 수원인 화성으로 이장하고 능으로 승격시키는 일은 그가 보위에 오른 지 10년을 훌쩍 넘긴 정조 13년인 1789년에 와서야 가능하게 된다. 사도세자의 묘소가 너무 옅고 좁다고 생각한 정조는 즉위 초부터 옮길 생각을 가지고 있었으나 그러지 못하였는데, 1789년 7월 11일 영조의 부마였던 박명원이 상소를 올려 영우원의 이장을 주장했다.

"조정에 있는 신하들에게 널리 물으시고 풍수를 잘 보는 지사(地師)들을 널리 불러 모아 길흉을 물으시어 신도(神道)를 편안하게 하시고, 성상의 효성을 펴시어 천추만대의 원대한 계책이 되게 하소서."

이 말에 힘을 얻은 정조는 당장 신하들을 불러서 의견을 물은 다음 묘소를 옮기는 계획을 실행에 옮겼다. 그로부터 길지와 길일을 잡아 경기도 화성군 태안면 안녕리로 이장하기로 한 후 곧바로 공사를 시작하였고, 10월 7일에는 정조가 직접 지문(誌文)을 지어서 올린 다음 천장(遷葬)을 시작하여 16일에 묘역 공사를 완료했다.

그리고 능의 봉호를 현륭원(顯隆園)이라고 하였다.

비운에 간 아버지의 한을 달래기 위해 새롭게 마련하는 묘소를 정조는 심혈을 기울여서 만들었는데, 그 결과 현륭원은 조선시대의 어느 원보다도 후하고 창의적인 모습을 갖추게 되었다. 능에 설치하는 상설(象設)을 보면, 우선 묘소 봉분에는 화려한 무늬를 새긴 병석(屛石)을 둘러서 치장했고, 병석의 위쪽에 설치된 인석(引石)은 화내형(花奈形)으로 연꽃 모양을 하고 있다. 묘소 정면에 있는 장명등은 조선 전기의 양식인 8각으로 된 것과 숙종·영조 연간에 등장한 4각의 장명등 양식을 합한 새로운 양식으로 만들어 세우기도 했다. 묘소를 지키는 문인석과 무인석, 양마석 등도 세웠는데, 석인(石人)도 그전에는 가슴까지 파묻혀 있던 목이 위로 나와 있어 시원한 분위기를 나타내는 것으로 바꾸었다. 조각 수법이 사실적이라는 것을 알 수 있다. 또한 능의 동쪽·서쪽·북쪽에는 무덤의 담장에 해당되는 곡장(曲牆)을 돌렸는데, 이것은 19세기 이후의 능 석물양식(陵石物樣式)에 많은 영향을 주었던 것으로 보인다.

정조는 나중에 융릉(隆陵)으로 불리게 된 현륭원을 일 년에 두 번씩 봄·가을로 반드시 참배하는 행차를 하였는데, 서울에서 그 곳까지 거리가 88리나 되었기 때문에 보통일이 아니었다. 더구나 조선시대에는 왕의 신변 보호와 치안 유지를 위해 임금은 도성에서 80리 밖으로는 나가지 못하도록 법으로 금지하고 있었다. 때문에 정조가 현륭원까지 가는 것은 아예 불가능한 일이기도 했다.

그러나 아버지 묘소를 참배하고자 하는 지극한 효성을 가졌던 정조는 88리를 억지로 80리라 우기면서까지 현륭원을 찾았는데, 이런 일 때문에 민간에서 말하는 속담 중에 '수원 80리' 라는 말이 생길 정도였다. 이때부터 정조는 현륭원에 행차하는 일을 한 해도 거르지 않았는데, 애초에는 노량진에서 한강을 건너 남태령을 넘어 과천을 지나 수원으로 내려가던 길을 제6차 능행(陵幸)인 1795년부터 시흥을 거쳐 안양으로 내려가는 것으로 변경했다. 노량진에서 과천을 거치는 길이 빠르기는 하지만 건너야 할 개천이 많은데다 남태령 고개 때문에 행차 길을 닦는 데 어려움이 많았기 때문이다. 그때만 해도 왕이 행차하는 길에는 임시로 나무다리를 가설했다가 끝난 뒤 바로 철거하는 것이 상례였으나 행차 때마다 놓았다 헐었다 하는 번거로움이 있는데다 정조가 정기적으로 능행을 하였기 때문에 보통 문제가 아닐 수 없었다. 그래서 능행길을 바꾸게 된 것인데, 세간에 알려지기는 과천 부근에 사도세자의 처벌을 적극적으로 주장했던 김약로의 무덤이 있는데, 정조가 그 앞을 지나가지 않으려고 능행길을 바꾸었다고 한다.

이유야 어찌되었든 능행길을 과천 길에서 시흥 길로 바꾸게 되면서 중간 중간에 임금의 행차가 쉬어가는 행궁(行宮)을 마련하였는데, 노량행궁, 시흥행궁, 안양행궁, 사근평행궁, 화성행궁 등이 그것이었다. 특히 1795년은 정조의 모후인 혜경궁 홍씨의 회갑연을 화성에서 개최할 예정이었으므로 화성행궁 등의 축조는 시급한 일이기도 했다. 오랜 시간에 걸쳐 준비를 끝낸 정조는 재위 19년인 1795년 2월 9일 지금의 수원인 화성으로 갔다. 그리고 12일에는 사도세자의 묘역인 현륭원에 참배하고 돌아왔다. 13일에는 봉수당에 나가서 혜경궁의 회갑연을 베풀었는데, 이때 행했던 연회의 절차를 상세하게 적은 것이 『원행을묘정리의궤(園幸乙卯整理儀軌)』로 남아 있다.

또한 정조는 어머니를 모시고 아버지의 묘소를 참배하고 회갑연을 여는 일 등의 행차 전체를 후세에 알리기 위하여 도화서의 화원

들에게 행사의 주요장면을 그리도록 명하여 여덟 폭 병풍으로 만들기도 했다. 이때 만들어진 여덟 폭 병풍은 「노량주교도섭도」, 「시흥환어행렬도」, 「득중정어사도」, 「서장대성조도」, 「낙남헌방방도」, 「화성성묘전배도」, 「낙남헌양로연도」, 「봉수당진찬도」 등으로 정조와 혜경궁의 능행 행차와 관련된 그림이 그려져 있다.

안양행궁을 마련할 때는 안양천의 지류인 삼성천을 건너는 돌다리를 놓게 되는데, 이 다리가 바로 지금의 안양시 석수동 삼막천으로 옮겨져 복원된 만안교(萬安橋)다. 시흥에서 수원에 이르는 길은 목포에서 신의주까지 이어지는 지금의 국도 1호선의 일부가 되었는데, 서울에서 남쪽으로 내려가는 중요한 길목이었기 때문에 만안교가 놓이기 전에도 삼성천에는 나무로 된 다리가 있었다고 한다. 17세기 중반의 기록인 『동국여지지(東國與地誌)』의 「금천현 교량 조」 편에는 "현의 남쪽 16리 지점에 안양교가 있었다"고 기록되어 있고, "만안교는 남쪽으로 십 리에 위치해 있는데, 안양천을 지나서 수원대로로 간다(萬安橋在南十里 安養川通水原大路)"고 되어 있는 점으로 보아 안양교가 바로 만안교였을 것으로 보인다.

그러나 사람이 겨우 건너다닐 정도의 허술한 다리로는 엄청난 규모의 어가행렬을 감당할 수 없게 되자 능행길의 편이성과 더불어 백성들도 편하게 이용할 수 있도록 하기 위해 돌다리를 놓도록 했던 것이다. 만안교 옆에 세워져 있는 만안교비에 따르면 1795년 7월에 경기관찰사인 서유방이 왕명을 받아서 3개월의 공역 끝에 9월이 되어서야 돌로 된 튼튼한 다리를 완성했다. 이처럼 튼튼한 돌다리를 불과 3개월 만에 완성할 수 있었던 가장 큰 이유는 삼성천 주변에서 다리의 재료로 쓸 만한 돌이 많이 나왔기 때문이라고 비문은 밝히고 있다.

정조가 편안한 능행길을 도모함과 더불어 백성이 이용하도록 하기 위해 놓은 만안교

　이렇게 만들어진 만안교는 길이가 31.2m고, 다리의 너비는 8m 며, 높이는 약 6m인데, 우리나라 돌다리 중 가장 흔한 형태인 무지 개 모양의 홍예로 된 수문을 일곱 개나 가지고 있는 석교다. 궁궐 의 홍예교처럼 화려한 난간석이나 홍예 중앙에 아래쪽으로 튀어나 온 것으로 귀면이나 용 등을 새긴 홍예종석 등의 장식이 하나도 없 는 돌다리인 것이 특징인 만안교는, 다른 석교에서는 볼 수 없는 중요한 특징을 하나 가지고 있어서 눈길을 끈다. 그것은 다리의 바 닥에 넓적한 돌을 깐 것이다. 이는 홍수로 인해 물살이 세차게 내 려갈 때 강의 바닥이 패여 나가서 다리 기둥의 아래쪽이 뜨게 됨으 로써 교량이 붕괴하는 것을 방지하는 장치였던 것으로 보인다. 그 만큼 안양천과 삼성천 등의 물길이 세차게 흘렀던 것을 알 수 있는 데, 하천 바닥에는 두께가 30~40cm 정도가 되고, 가로와 세로 크 기가 70~80cm에 이르는 돌을 물길이 흐르는 남북으로 30.8m 정

도 깔았고, 동서로는 31m 정도를 깔아서 돌을 깐 면적이 약 289평이나 되는 것이다. 그래서 만안교는 웬만큼 물길이 세지고 토사가 휩쓸려 내려오더라도 바닥에 깔려 있는 돌 위로 미끄러지듯이 내려가 버리기 때문에 다리의 교각이 손상되는 일이 없었던 것이다.

만안교는 1970년대까지만 해도 대형 차량이 서로 마주 지나쳐도 끄떡없을 정도로 견고함을 자랑했다. 다리의 축조 방식을 보면 여느 홍예교와 마찬가지로 하천의 양옆에는 지대석인 받침돌을 놓고, 홍예와 홍예 사이에도 큰 받침돌을 놓아서 홍예를 지탱할 수 있는 기초를 마련하였다. 긴 장대석을 둥근 모양으로 결구시켜 서로의 무게를 견딜 수 있도록 만든 다음, 사이에 채워 넣는 무사석은 잠자리 모양으로 된 것을 써서 공간을 메워 다리 위를 평평하게 함으로써 상판을 깔 수 있도록 했다. 다리의 상판 양옆에는 귀틀석을 놓아서 구분을 짓고, 중간에도 같은 모양의 돌을 깔아서 두 구역으로 구분했다. 그 사이에는 다리의 최상부를 구성하는 상판석인 천판석을 널마루 형식으로 깔았는데, 혀를 내두를 정도로 짜임이 정교하고 견고하다.

이 다리가 완성되자 크게 기뻐한 정조는 다리를 감독했던 사람들에게 후한 상을 내리고, 교량을 건설한 편의가 만백성에게 미쳐 원근 물류들이 이 다리를 통하여 오랫동안 편안하게 건너게 될 것을 기린다는 뜻에서 만안교란 이름을 직접 지었다. 이 다리가 1795년 9월에 완공되었기 때문에 정조가 만안교를 건넌 것은 이듬해의 능행길부터라고 볼 수 있으므로, 정조가 만안교를 이용한 횟수는 1796년, 1797년, 1798년, 1800년 춘행 등 네 차례가 된다.

1973년 10월에 경기도유형문화재 제38호로 지정된 만안교는 현재 안양시 석수동 679번지 삼막천에 놓여 있는데, 원래 다리가 있었던 곳은 현 위치에서 남쪽으로 200m 떨어진 삼성천이었다. 그 자리는 지금의 안양대교에서 삼성산 쪽으로 안양유원지를 따라가다가 만안로와 만나는 교차로에서 약 20m 지점이 되는데, 1980년에 이루어진 국도 확장 공사 때문에 지금의 자리로 옮겨서 다시 복원하게 된 것이다. 만안교의 문화적 의미를 제대로 살리기 위해서는 사도세자에 대한 정조의 효심이 서려 있는 능행길과 행궁터의 복원이 필수라고 할 수 있는데, 이를 위한 문화재청의 노력을 기대해본다.

전국적으로 분포하는 효자 다리

인간 사회의 기본이 된다고 할 수 있는 가정을 지탱하는 핵심 요소를 든다면 부부 사이에 서로 아껴주고 위해주는 애정과, 자신을 낳고 길러준 부모를 섬기고 봉양하는 효(孝)를 꼽을 수 있을 것이다. 효 사상은 동서고금을 막론하고 전 세계적으로 존재해왔으며 인류의 중요한 덕목이다. 중국에서는 공자에 이르러 효가 강조되었으며, 맹자에 이르러서는 부모의 의무가 더욱 강조되었다가 성리학이 성립하면서 충(忠)과 더불어 유교의 가장 중요한 덕목 중 하나가 되었다. 우리나라에서는 고구려와 신라 초기부터 강조되어 왔는데, 고려시대와 조선시대를 거쳐 현대에 이르기까지 그 명맥을 유지해오고 있다.

효의 역사가 이처럼 길다 보니 이와 관련된 여러 문화현상들이 역사 속에 등장하는데, 주로 이야기의 형태로 전해지면서 많은 사람들에게 귀감이 되고 있다. 고려 때 김부식이 지은 『삼국사기』에는 지은, 향덕, 설 씨녀 등의 효녀 이야기가 소개되어 있으며, 고려 시대부터 조선시대에 이르기까지 만들어진 여러 종류의 「효행록(孝行錄)」과 「삼강행실도(三綱行實圖)」 등에서도 효와 관련된 수많은 이야기를 만날 수 있다. 이러한 기록 외에도 효와 관련된 것으로 하나의 문화를 이루고 있는 것이 있으니 바로 물을 건너는 다리가 담고 있는 사연이다.

효와 관련된 다리는 연세가 많은 부모가 찬물에 발을 담그는 것이 안쓰러워서 자식이 다리를 놓았다는 사연이 중심을 이루는데, 효성만을 드러내는 다리도 있지만, 한편으로 보면 효도가 되지만 다른 한편으로 보면 불효가 되기도 하는 기막힌 사연을 간직한 다리도 상당수 존재한다. 그런데 혼자서 혹은 형제들이 힘을 합쳐 부모를 위해 놓은 것이기 때문에 효와 관련된 다리는 궁궐의 다리나 조정에서 놓은 다리와는 비교가 안 될 정도로 초라하고 보잘 것 없는 게 특징이다. 그러나 이 다리들에는 선조들의 삶과 지혜가 고스란히 배어 있기 때문에 문화적 가치는 매우 크다.

전라남도 담양군 대덕면 용대리에 가면 효를 일깨우는 작고 아담한 돌다리 하나가 함초롬히 놓여 있어서 우리의 눈길을 끈다. 용이 살았던 곳이라고 하여 용대라는 이름이 붙여진 용대마을 입구에 놓여 있는 이 돌다리는 산업화 과정에서 새롭게 놓인 군도의 콘크리트 다리 때문에 너무나 초라하게 보이지만 다리를 놓은 사연에는 효자의 마음이 서려 있어 우리에게 적잖은 교훈을 준다.

마을 어귀에 서 있는 효행비에 따르면 조선 영조 시대에 이경록이란 사람이 살았는데, 부모를 위해 추운 겨울인데도 동네 앞에 있는 연못에서 잉어를 잡아다가 아버지를 봉양하였고, 아버지가 세상을 떠나자 3년 동안 시묘살이를 했다. 이경록의 효행은 아버지

담양군 대덕면 용대리에 있는 효자다리

가 하는 것을 보고 배운 것인데, 아버지의 형제인 진욱, 진휘, 진일 등 세 사람은 부모가 연로하여 물을 건너기 힘든 것을 보고 이 돌다리를 놓아서 수고를 덜게 했다는 것이다. 조선 영조 34년인 1758년에 담양부사 이석희가 지은 『추성지(秋成誌)』에 10개가 넘는 다리를 소개하는 과정에서 용대리 석교가 등장하는 것을 보면, 이경록의 윗대에 다리가 놓였다는 것을 알 수 있다.

용대리 석교가 놓인 개울의 넓이는 약 8.7m인데, 양쪽에 자연석으로 쌓아 올린 축대가 있다. 다리의 교각은 두 개인데, 각각 5개와 6개의 자연석을 쌓아서 높이가 2.16~2.34m가 되도록 만들고, 그 위에는 넓고 긴 장대석 3개를 걸쳐놓아서 사람이 겨우 건널 수 있도록 되어 있다. 다리의 상판을 이루는 판석은 마을 쪽의 것이 두께가 0.24m고, 길이는 2.1m며, 너비는 1.4~1.53m인 장대석이다. 다리 가운데의 판석은 두께가 0.19m이고, 길이가 3.1m이며, 너비는 1.25m인 자연석이다. 나머지 하나의 상판석은 1989년 홍수 때 축대가 무너지면서 깨졌기 때문에 1997년에 문화재 보수를 하는 과정에서 황등오석을 가져와서 대신 끼워 맞춘 것이라고 한다.

용대리 석교는 규모가 작고 축조방식도 어설프기 짝이 없는 다리기는 하지만 조선시대에 만들어진 것으로 형태가 제대로 보존된 보기 드문 판석형 석교라는 점에서 문화적 가치가 높다. 효성으로 놓은 다리인 용대리 석교는 산업화의 물결에 밀려 그 기능이 마비되었지만 다른 곳의 효자 다리에 비하면 규모가 큰 편에 속한다.

지금의 경상북도 봉화군 부석면 소재지에서 남쪽으로 조금 내려가면 낙하암이라 불리는 작은 고개가 있고, 그 아래를 흐르는 낙하암천에는 커다란 바위 네 개가 물 가운데에 있는데, 예로부터 지역 사람들은 이 징검다리를 효자다리라고 부른다. 전설에 따르면 옛날 고개 아랫마을인 우수골에는 부인을 일찍 잃은 홀아비가 있었다. 이 홀아비는 외아들과 함께 살고 있었는데, 아들의 효심이 대단해서 동네 사람들이 모두 칭찬할 정도였다.

그러던 어느 날 소변이 마려워서 밤중에 잠을 깬 아들이 옆을 보니 아버지가 보이지 않았다. 날이 밝아서야 돌아온 아버지는 옷을 벗어 벽에 걸고 아무 일도 없었다는 듯이 잠을 자는 것이었다. 아버지의 바지가 물에 젖어 있는 것을 본 아들은 새벽 일찍 들일을 나가는 줄 알고 아무 의심도 하지 않았다. 그런데, 그로부터 하루도 거르지 않고 밤중에 나갔다가 새벽에 들어오자 아무래도 이상하다고 생각한 아들은 아버지의 뒤를 몰래 따라가 보았다. 그러자 집을 나와 개울을 건넌 아버지가 '독지골'에 혼자 사는 과부의 집으로 들어가는 것이었다. 이를 본 아들은 아버지가 무척이나 외로워한다는 것을 깨닫고 한겨울에도 발을 적시지 않고 물을 건널 수 있도록 징검다리를 놓아드렸다.

아들의 지극한 효성 덕에 아버지가 편안하게 물을 건널 수 있었기 때문에 사람들은 이 다리를 '효자다리'라고 부르게 되었다. 아들이 혼자서 놓은 다리기 때문에 교각이나 판석 같은 것도 없고, 개울 중간에 돌을 놓은 징검다리에 불과하지만 전국적으로 분포하는 효불효전설의 증거물이란 점에서 문화적으로 가치가 있다.

효불효전설이라 하는 이유는 살아 있는 아버지나 어머니에게는 효도가 되지만 돌아가신 아버지나 어머니에게는 불효가 되기 때문이다. 효불효다리라는 말은 이미 조선시대 이전부터 있어왔던 것으로 보인다. 『동국여지승람』에 의하면 신라의 수도였던 경주부의 동쪽 6리에 있는 문천 위에는 칠성교라고 불리는 다리가 하나 있는데, 세간에서는 효불효교라 한다는 것에서 이를 확인할 수 있다. 효불효교 혹은 칠성교는 월성의 동쪽에 있는 문천 위를 건너는 다리인 일정교의 다른 명칭이기도 하다. 『삼국사기』에 의하면 신라 경덕왕 19년인 서기 760년에 축조한 칠성교를 발굴 조사한 결과 다리의 길이는 최소 55m고 상판의 너비는 최소 12m며, 교각의 높이만 해도 5.5m에 달하는 초대형 석교였다.

이런 기록으로 볼 때 춘양교로도 불렀던 일정교는 나라에서 놓은 다리가 확실한데, 홀어머니를 모시고 살던 일곱 형제가 놓았다는 이야기도 전해온다. 신라 때에 문천의 북쪽 마을에 아들 7형제를 둔 과부가 있었는데, 몰래 만나는 남자가 문천의 남쪽에 살고 있었으므로 아들들이 잠들기를 기다렸다가 물을 건너가서 만나곤 하였다. 이 사실을 알게 된 아들들이 "어머니가 밤에 물을 건너다니시니 자식된 도리로 어찌 마음이 편할 수 있겠는가!" 하고는 돌다리를 놓아드리니, 그 어머니가 이를 부끄럽게 여겨서 행실을 고쳤다. 그때부터 사람들이 이 다리를 효불효교라고 부르게 되었다고 『동국여지승람』은 기록하고 있다.

그러나 다리의 규모가 크고 『삼국사기』 등의 기록으로 볼 때 춘양교 혹은 효불효교는 아들 때문에 행실을 고치게 된 과부 이야기의 증거물로 나중에 붙여진 이름 같다. 경주의 이러한 효불효전설은 이곳에서 멀지 않은 지역인 포항의 용당강에도 동일한 형태의 이야기가 전해 내려오는 점으로 볼 때, 효불효전설은 한 지역에서 다른 지역으로 옮겨가면서 생긴 변이 과정에서 만들어진 것으로 보아야 할 것이다.

효심과 관련된 다리 중에 또 하나 짚고 넘어가야 할 것은 조선 후기에 김만중이 남해의 유배지에서 지은 『구운몽(九雲夢)』의 배경이 되는 남해 석교리의 돌다리다. 유배생활을 하던 김만중이 홀로 계신 어머니를 그리워하면서 하룻밤에 썼다는 『구운몽』은 선계(仙界)의 승려였던 성진이 스승의 심부름으로 남해 용왕에게 다녀오던 길에 돌다리 위에서 8선녀와 수작하였다가 인간세계로 쫓겨나서 부귀영화를 누리고 다시 승려가 되었다는 줄거리를 가진 고전소설인데, 여기에 등장하는 8선녀를 만났다는 돌다리가 바로 남해 석교리 돌다리로 추정되어서 문화적인 가치를 인정받기에 이르렀다.

전설에 의하면, 지금으로부터 약 400년 전에 남해군 남면에 박씨 성을 가진 힘센 장사가 태어났는데, 넘치는 힘을 주체하지 못하여 지금의 석교리 앞의 개울 위에 길이 3m, 너비 90cm, 두께 32cm에 무게가 4톤이나 되는 돌을 걸쳐놓아 만든 다리가 석교리 돌다리라는 것이다. 유배지였던 노도에서 아득하게 바라보이는 앵강만의 안쪽에 위치한 석교, 월포, 숙호의 아름다운 모습이 김만중에게는 선녀가 내려와서 놀다갈 정도로 여겨졌을 것이고, 그러한 풍광을 배경으로 『구운몽』을 집필했을 가능성도 충분히 생각할 수 있다. 남해 석교리의 돌다리를 노도와 앵강만을 중심으로 하는 김만중 문화유적지로 연결하여 그 의미를 살려내는 것이 바람직하리라.

다시 내륙 쪽으로 가보면 경남 거창군 마리면 병항마을 입구를 흐르는 개울 위에는 '쌀다리'라고 불리는 자연석으로 된 돌다리 하나가 있다. 이 시내는 덕유산의 한 자락인 기백산의 안봉에서 시작한 물줄기가 내려와서 만들어진 것으로 고학천이라고 하는데, 남쪽의 진주를 중심으로 한 남도 사람들이 서울로 나들이할 때 이용하던 중요한 나들목이었다고 한다. '쌀다리'는 용원정이라는 정자 앞에 놓여 있는데, 용원정은 구화재라는 학당을 열어서 후학을 가르쳤던 오수라는 인물을 기리기 위해 1964년에 후손들이 세운 것이다.

'쌀다리'는 개천의 중간에 자연석으로 석축을 쌓아서 교각을 만든 후 그 위에 길이 5.5m, 두께 35cm가 되는 판석 두 개를 걸쳐놓아서 만든 것인데, 오수(吳守) 선생의 후손인 오성재, 오성화 형제가 조상의 음덕을 기리고, 사람들에게 편의를 제공하기 위해 다리를 놓는 비용으로 쌀 천 석을 내놓아서 만들었다. 길이가 11m고, 폭은 1.2m, 높이는 2m인데, 1758년에 축조한 것으로 알려져 있다. 불교에서 말하는, 사람들이 편하게 물을 건널 수 있도록 해주는 월천공덕(越川功德)을 쌓음과 동시에 조상을 빛내는 일이 되기도 했던 형제의 선행은 많은 사람들을 감동시켰으니, 다리 옆에 세워진 시혜불망비(施惠不忘碑)가 그 사실을 잘 말해주고 있다. 조상을 기리는 효심과 사람들을 위하는 애민정신이 만들어낸 걸작이 바로 거창의 '쌀다리'다.

우리 민족은 효에 관한 한 세계 어디에 내놓아도 뒤지지 않을 정
도기 때문에 자식이나 후손들의 효심에 관한 이야기를 품은 다리
들은 전국에 수도 없이 많았다. 부여와 정읍 등에 있는 것으로 어
떤 효자가 아침저녁으로 다리 밑에서 물고기를 잡아서 부모를 봉
양했다고 하는 조석교를 비롯하여 전국에 분포하는 지명에 석교라
는 이름을 가진 대부분의 마을에는 부모와 자식 사이의 효심이나
중생을 위하는 승려의 자비심과 관련된 이야기와 유적들이 널려
있다. 이것들을 제대로 살려내기만 하면 엄청난 가치를 지닌 문화
유산으로 거듭날 수 있을 것이다. 지금이야말로 전국에 흩어진 사
라져가는 돌다리에 관심을 가져야 할 때가 아닌가 싶다.

과거와 현재를 잇다

과거와 현재를 잇다

고려의 운명을 바꾼 좌견교와 선죽교

송도라고도 불리는 개성은 송악산 남쪽에 자리 잡은 도시로 고려 왕조 475년 동안 도읍지였다. 개성은 수많은 문화유적이 산재해 있는 역사 도시인데, 서울에서 보면 북서쪽으로 78km 지점에 있다. 개성에는 고려시대의 성곽과 분묘, 사찰 등이 즐비하며, 나성 내부의 반월성에 있는 남대문은 국보급 문화재다. 그 외에도 정몽주, 서경덕 등을 배향하고 있는 숭양서원이며, 정몽주가 이방원에게 피살당한 사연을 가진 선죽교, 만수산 남동쪽에 있는 두문동비각, 송도삼절로 유명한 박연폭포, 북한산의 기운을 막기 위해 만들었다는 좌견교 등 문화적 가치가 높은 유물과 유적들이 이루 헤아릴 수 없이 많다. 그중에서 오늘날까지도 많은 사람들의 눈길과 발길을 붙잡아두는 곳이 있는데, 거기가 바로 선죽교다.

선죽교는 개성시 선죽동에 있는 돌로 만들어진 다리인데, 아주 작은 시내를 건너는 것으로 겉으로 봐서는 별다른 특징을 찾아볼 수 없는 다리다. 이 다리가 축조된 연대는 기록이 없어서 정확히 알 수는 없지만, 왕건이 송도에 도읍을 정하고 도시를 정비할 때 물길을 정리하면서 만들어졌을 것으로 추정할 따름이다. 이 다리

정몽주의 충절이 서려 있는 개성 선죽교

는 처음에 선지교로 불렸는데, 평범한 다리였기 때문에 고려시대에는 아무런 주목을 받지 못하다가 이성계가 조선을 세우는 과정에서 고려를 지탱하는 대들보였던 정몽주를 이곳에서 살해하면서 알려지기 시작했다. 그 뒤 시간이 흘러 왕실과 많은 선비들에게 충절의 전형으로 재조명된 정몽주가 인(仁)을 이룬 곳으로 재평가받으면서 지금까지 전해지고 있다. 이처럼 선죽교는 다리 자체의 의미보다 정치적이고 역사적인 의미가 더욱 크다고 할 수 있다.

개성의 또 다른 다리인 좌견교는 송도의 왕기를 침노하는 북한산의 기운을 막기 위해 다리 위에 쇠로 만든 개를 세워 놓았다고 해서 붙여진 이름인데, 고려의 운명과 직접적으로 관련된 사연을 담고 있다.

태조 왕건이 태봉의 궁예를 몰아내고 새로운 나라인 고려를 세웠을 때 도선국사가 왕도를 점지해 주었는데, 그는 송악산 서남쪽에 왕궁을 정하면 오래오래 번성할 것이라고 예언하였다. 그러나 도선이 이 터를 점지할 때 잘못 본 것이 있었으니 송악산에서 동남쪽을 바라 보면 서울의 북쪽에 있는 북한산이 보인다는 사실이었다. 명당으로 정한 자리에서 보았을 때 다른 산이 직접 보이는 것을 풍수지리에서는 매우 꺼린다. 그 이유는 그 산이 명당자리를 들여다 보는 규봉(窺峯)의 자리에 있으므로, 그 봉우리의 기운 때문에 명당의 기운이 오래갈 수 없다고 생각하는 까닭이다. 뒤늦게 이 사실을 알게 된 왕건은 고려의 왕운이 오래갈 수 있도록 좌견교에 쇠로 만든 열두 마리의 개를 만들어 세움으로써 북한산의 기운이 송도를 넘보지 못하도록 했다. 그런 연유에서인지 고려 왕조는 475년이나 갈 수 있었는데, 훗날 이 예언을 실현시킨 인물이 바로 조선을 세운 이성계였다.

이성계가 출세하여 중앙 정계에 진출한 후 처음에 살았던 집은 궁궐에서 남쪽으로 남대문과 병교를 지나 지금의 철길 건너편에 있는 부조현 부근이었다. 부조현이라는 고개는 이성계가 고려를 뒤엎고 왕이 되자 수많은 선비들이 이를 따르지 않고 갓을 벗어서 그곳에 걸어두고 새 나라에 조회하지 않았다고 하여 붙여진 이름이다. 그곳에 살던 이성계가 새로운 나라를 세우려 하면서 고려의 기운을 쇠하게 할 생각에 몰두했는데, 하루는 송도에서 유명한 풍수를 불러놓고 "나는 송악산에 대해 참으로 알 수 없는 것이 많다오"라고 말문을 열었다.

이미 이성계가 어떤 인물인지를 알고 있었던 풍수는 "송도의 형국은 송악산의 여신이 누워 있는 모양이고, 만월대는 여신의 젖무덤인 송악산 바로 아래에 있어서 그 기운을 마시고 있으므로 쇠하게 하기가 어렵습니다. 만약 송악산 여신이 임신을 하게 된다면 그 기운을 없앨 수 있습니다"라고 대답하는 것이었다. 그 말을 들은 이성계가 "여신을 임신시킬 방법이 없으니 그것은 불가능하겠구려"라고 하니, 풍수가 "좌견교 동쪽이 여신의 음문(陰門)에 해당되는 지역이니 그곳에 집을 짓고 살면서 남자의 정자를 뿌리면 가능합니다"라고 하는 것이었다.

이성계는 그 후 좌견교 동쪽으로 집을 옮겨 살았는데, 그곳이 바로 목청전 자리였다. 좌견교는 나중에 조선의 도읍지가 된 북한산의 기운을 막기 위해 송도의 급소 자리에 설치한 것인데, 그곳에 자리 잡고 살면서 송도의 기운을 쇠하게 한 이성계 때문에 고려가 망하게 되었다는 것이다. 이처럼 좌견교와 이성계는 깊은 유대관계를 가지고 있다.

다음으로 선죽교를 살펴보기 전에 이 평범한 돌다리를 유명하게 만든 정몽주에 대해 알아볼 필요가 있다. 우리 역사상 최고의 충신으로 일컬어지는 정몽주는 본관이 지금의 포항인 연일이다. 그는 고려 때 한림학사를 지낸 고려 중기의 문인으로 성격이 곧고 바르기로 유명한 정습명의 11세손이다. 호가 포은인 그는 고려 충숙왕 6년인 1337년에 경상도 영천에서 일성부원군 운관의 아들 4형제 중 장남으로 태어났다. 그의 이름이 몽주가 된 데에는 사연이 있다.

그의 어머니 이씨가 회임했을 때 아름답고 탐스러운 난초를 안고 마당의 화단으로 가다가 돌부리에 걸려 넘어지는 바람에 화분을 깨뜨리는 꿈을 꾸었다. 그 꿈을 꾼 지 사흘 만에 낳았다고 하여 아이 때는 이름을 몽란(夢蘭)이라 했다고 한다. 아들이 아홉 살 되던 해에 어머니가 물레질을 하다가 고단하여 마루의 기둥에 기대앉아서 잠깐 졸았는데, 금빛을 띤 용 한 마리가 뜰에 있는 배나무 위에서 배를 따먹으며 빙그레 웃고 있는 꿈을 꾸었다. 너무나 놀란 어머니가 놀라 소리를 지르며 꿈에서 깨어나 보니 아홉 살 된 아들이 배나무 위에서 배를 따먹으면서 웃고 있었다. 이 꿈을 꾸고 난 후 아들의 이름을 몽란에서 몽룡(夢龍)으로 바꾸었다.

그의 이름이 다시 바뀌어 몽주(夢周)로 되는 사건이 또 일어났으니, 그로부터 약 10년 뒤의 일이었다. 정몽주가 18세가 되던 어느 날 새벽에 아버지가 꿈을 꾸었는데, 중국의 성인인 주공(周公)이 나타나 "너의 아들은 후세에까지 가문과 명성을 길이 빛내게 할 것이니 소중히 키우라"고 하는 것이었다. 그 꿈을 꾸고 난 아버지는 아들이 성인이 되는 관례를 치를 때 주공의 이름자를 넣어서 그의 이름을 다시 몽주로 고치게 되었다.

정몽주는 공민왕 9년인 1360년에 과거시험에 세 번 장원을 하여 벼슬길에 나갔다. 그 뒤 여러 관직을 거쳐 지금의 국무총리라고 할 수 있는 수문하시중에까지 올랐다. 그는 주자학을 주 이념으로 하는 고려 말의 신진사류로서 오랫동안 고려를 괴롭혀온 원나라를 배척하고 새롭게 등장하는 명나라를 가까이 하는 배원친명(排元親明) 노선을 따랐다. 이성계를 중심으로 하는 세력들과 손잡고 기울어져 가는 고려의 국운을 다시 일으켜 세우고자 노력하였다. 그러나 이성계가 왕위를 노린다는 것을 알아차린 정몽주는 그와 결별하고 그의 세력을 견제하기 시작했다. 『조선왕조실록』에 의하면 "정몽주는 이성계의 위엄과 덕망이 날로 높아져서 조정과 민간이 진심으로 따르는 것을 꺼려하였다. 하루는 이성계가 해주로 사냥을 갔다가 말에서 떨어져 크게 다쳤다는 말을 듣고는 기뻐하는 기색을 보였다. 정몽주가 자신을 제거할 기회를 노린다는 사실을 알게 된 이성계가 할 수 없이 그를 죽이게 되었다"고 한다. 실록은 승자의 기록이기 때문에 정몽주를 죽인 명분을 만들기 위해 그렇게 기록했을 가능성이 크지만 고려 말기에 이성계와 정몽주가 대립하였고, 정몽주가 이성계의 아들인 이방원에게 죽임을 당한 것은 역사적 사실이다.

정몽주와 이성계는 그리 멀지 않은 거리를 두고 살았다. 정몽주는 고려의 궁궐인 만월대의 남쪽에 있는 자남산의 서남쪽 기슭 숭양서원이 들어선 자리에 살았고, 이성계는 선죽교에서 동남쪽으로 수백 미터 떨어진 좌견교 건너편에 있는 목청전에서 살았다고 한다. 그러므로 이성계의 집에서 정몽주의 집으로 가기 위해서는 좌견교를 건너 자남산 쪽으로 한참을 간 다음 다시 선죽교를 건너 자남산 기슭으로 가야 했는데, 이성계의 문병을 다녀오던 정몽주가 택한 길이 바로 이 경로였다. 기록과 전설 등을 종합하여 정몽주가 피살당할 당시의 상황을 정리해보면 다음과 같다.

공양왕을 폐하고 이성계를 새로운 왕으로 추대하려는 움직임이 활발해지는 것을 눈치 챈 정몽주는 우선 이성계를 보좌하는 핵심 인물 중의 하나인 조준을 제거하려고 하였다. 그러자 이방원이 정몽주에게 「하여가(何如歌)」라는 시조를 지어 들려주면서 자신들과 뜻을 같이할 것을 권했는데, 이 노래를 들은 정몽주는 "이 몸이 죽고 죽어 일백 번 고쳐죽어 백골이 진토되어 혼백이 있고 없고 임향한 일편단심이야 변할 줄이 있으랴"라는 시조를 지어서 자신의 뜻을 알렸다고 한다.

그렇게 협상은 결렬되고 이방원은 정몽주를 죽여야겠다는 생각을 굳히게 되었는데, 설상가상으로 아버지인 이성계가 말에서 낙마하여 중상을 입으니 방원은 더욱 조바심을 내게 되었다. 그리하여 벽란도에 머무르던 이성계를 억지로 집으로 모셔 왔는데, 마침 정몽주가 병문안을 온다는 소식을 듣게 되었다. 이때가 아니면 기회가 없다는 가까운 부하들의 말을 들은 이방원은 조영규·조영무·고여·이부 등을 시켜 선죽교 아래에 숨어 있도록 하였다.

이성계를 찾아가 문병을 하면서 그의 의중을 떠보고 난 후 좌견교를 건너 집으로 돌아가던 정몽주는 마침 절친한 친구였던 성여안의 집을 지나게 되어 잠깐 들러 술이라도 한 잔 하려 했으나 그는 외출하고 없었다. 마지막 길이 될 것 같은 예감이 든 정몽주는 성여안의 부인이 차려온 술상을 받았다. 자신의 호위무사인 김경조와 함께 술을 마신 후 말을 거꾸로 타고 눈을 감은 채 선죽교를 향해 갔다. 정몽주가 선죽교로 들어서는 순간 숨어 있던 조영규 등이 일시에 튀어나왔는데, 조영규는 차마 철퇴를 휘두르지 못했고, 나머지 세 사람이 달려들어 김경조와 정몽주를 모두 쳐서 죽였다. 이 사실을 보고받은 이성계는 다섯째아들인 방원에게 크게 화를 냈으나 이미 죽은 뒤라서 어찌할 도리가 없었다. 처참하게 죽임을 당한 정몽주의 시신은 처음에 그곳에서 서남쪽 방향에 있는 풍덕이란 곳에 모셨다. 그 뒤 태종 때에 고향인 영천으로 이장하던 중 경기도 용인 부근을 지날 때 영정이 날아가서 땅에 떨어지는 일이 벌어졌다. 이 일을 목격한 사람들이 거기가 명당이라고 해 영천으로 가지 않고 그곳에 묘소를 만들게 되었다고 전해진다. 선죽교에서 일어난 정몽주의 죽음은 이성계에게 새로운 나라를 세우는 직접적인 기회를 제공했고, 고려에게는 나라를 사라지게 하는 비운을 제공한 셈이 되었다.

좌견교에서 상류 방향으로 수백 미터 올라간 자리에 동에서 서로 건너도록 되어 있는 다리가 바로 선죽교인데, 이 다리는 송악산의 동쪽에 있는 오관산에서 발원하여 비둘기성재를 돌아 내려오는 시내에 놓인 조그만 돌다리다. 『고려사(高麗史)』에 의하면 고려 고종 3년(1216) 이전에 건설된 것으로 보이는데, 고려 태조가 송도에 도읍을 정하면서 거리와 물길을 정비할 때 놓은 다리일 것으로 추정된다. 선죽교는 길이 8.35m, 너비 3.36m 규모의 돌다리인데, 돌기둥과 노면이 맞닿는 부분에 시렁돌을 철도의 침목 모양으로 올렸다. 이 돌은 좌우로 거의 튀어나오지 않고 가지런한 모양을 갖추고 있다. 돌기둥 위에 마련된 노면에는 양쪽 가에 길쭉한 난간돌을 놓았고 그 사이를 여러 줄의 판석으로 깔았다. 그리고 노면 위에는 교량의 난간주 구실을 하는 돌기둥들을 3단으로 쌓았으며, 맨 아랫돌은 거형단면의 돌로서 일정한 치수의 돌을 사용하지는 않았던 것으로 보인다. 중간돌 사이에는 각 돌기둥을 이어주는 8각의 돌을 꽂았고 맨 위의 돌은 비석의 끝처럼 둥글고 완만한 모양의 화강암을 사용하였다.

다리 모양은 특별한 것이 없지만, 현대에 이르기까지 개성의 상징처럼 된 연유는 바로 이곳에서 고려를 지키려던 정몽주가 이방원에게 죽임을 당했기 때문이다. 전설에 의하면 정몽주가 피살된 후에 다리의 돌 사이에서 대나무가 솟아나와 원래의 이름인 선지교 대신에 선비의 절개를 상징하는 대나무 '죽(竹)' 자를 넣어서 선죽교라고 부르게 되었다고 한다. 그리고 정몽주가 선죽교 다리 위에서 죽임을 당할 때 흘린 핏자국이 아직도 선명하다고 전해지는데, 이것은 돌의 철분 성분이 산화되어서 나온 것으로 보인다.

정몽주를 죽인 장본인으로 조선의 세 번째 임금이 된 이방원은 그 일로 인해 민심이 수습되지 않는다고 판단했는지, 1401년에 정몽주를 영의정부사에 추증하였다고 『조선왕조실록』에 기록되어 있다. 그러나 조선시대의 다른 기록에는 태종 5년인 1405년에 권근의 요청을 받아들여 대광보국숭록대부 영의정부사 수문전대제학 감예문춘추관사 익양부원군(大匡輔國崇祿大夫 領議政府事 修文殿

大提學 監藝文春秋館事 益陽府院君)으로 추증하고 문충(文忠)이란 시호를 내렸다고 하여 약간의 차이를 보이고 있다.

조선왕조 오백 년 동안 선죽교는 역대 제왕들과 선비들에 의해 충절의 상징으로 숭앙되었는데, 다리 주변에 세워진 여러 유적들이 그 사실을 입증한다. 선죽교 옆에는 선죽교비, 하마비 등이 서 있는데, 선죽교비는 한석봉이 썼다고 한다. '일대충의 만고강상(一代忠義 萬古綱常)'이라고 되어 있는 이 비석은 언제나 축축하게 젖어 있기 때문에 속칭 읍비(泣碑)라고도 한다. 선죽교와 길을 맞대고 있는 돌담 안에는 조선 후기 이후에 정몽주의 충절을 기리는 표충비 2개가 비각 안에 들어 있다. 이것은 조선시대 영조와 고종이 정몽주를 기리는 뜻에서 세운 비다. 1740년에 영조는 "도덕과 충성은 만고에 전해지리, 산악 같이 높은 절개를 지닌 포은공이여"라는 시를 지어 어제어필비를 세웠고, 1872년에는 고종이 "높은 충성 큰 절개 우주에 빛나거니, 그대 있어 우리나라 도덕을 이어가네"라는 시를 써서 남쪽에 비를 세우게 하였다.

선죽교 옆에는 정몽주와 운명을 함께한 호위무사인 김경조를 기리는 녹사비가 있는데, 18세기 말과 19세기 초에 세워졌다. 또한 선조 6년인 1573년에는 자남산 동쪽 기슭에 있는 정몽주의 집터에 사당을 세워서 문충당이라고 부르다가 2년 뒤에는 임금이 직접 이름을 지어서 하사하는 사액을 내려 숭양서원이라고 하였다. 숭양서원은 대원군의 서원철폐령 때도 훼철되지 않고 존속한 47개 서원 중의 하나로 지금까지 잘 보존되고 있다. 정몽주가 죽임을 당했다는 선죽교에 가보면 돌난간이 둘러쳐 있어서 사람들이 접근할 수 없도록 되어 있는데, 이것은 정조 4년인 1780년에 정몽주의 후손인 개성유수 정호인이 별도의 돌난간을 둘러서 보호한 것이다.

이러한 역사적 의미를 간직한 선죽교는 조선시대 수많은 선비들이 시를 지어서 그 뜻을 기리기도 했는데, 영조 때 위항시인으로 유명한 조수삼은 다음과 같은 시를 남기기도 했다.

이 시는 정몽주의 충절을 높이 평가하면서도 한편으로는 그를 죽여서 충신으로 만들어준 이성계에 대한 원망도 함께 나타내고 있어서 눈길을 끈다. 중국의 무왕이 은나라를 멸망시키려고 할 때 백이와 숙제가 말고삐를 잡고 말렸는데, 무왕은 이들을 죽이지 않고 살려주었다. 무왕이 주나라를 세우니 두 사람은 주나라에서 벼슬하기 싫어서 수양산에 들어가 고사리를 캐어먹다가 죽었다. 또한 송나라 때의 충신인 문천상은 조국을 멸망시킨 원나라의 벼슬아치가 되기를 거부해서 사형을 당해 죽었다. 백이와 숙제, 문천상 등은 모두 정복자에 의해 직접 죽임을 당하지는 않았지만 스스로 죽음을 택하여 자신의 충절을 높였는데, 이성계가 정몽주를 죽이는 바람에 오히려 그의 충절을 더욱 빛나게 해주지 않았느냐는 원망의 내용을 담고 있기 때문에 그렇다. 남북이 분단된 이래 갈 수 없었던 선죽교에 이제는 갈 수 있게 되었으니, 이곳을 답사하여 선죽교에 담긴 역사적 진실을 다시 한번 되새겨보는 것도 의미가 클 것으로 생각한다.

백제 멸망의 한을 간직한 사근다리

삼국시대 백제의 마지막 도읍지였던 부여는 백제의 한과 흔적을 고스란히 간직하고 있는 도시다. 일반적으로는 백제 멸망의 한을 간직한 부여의 유적지로 제일 먼저 낙화암을 떠올리지만 필자가 보기에는 낙화암보다 더 절절한 사연과 흔적을 간직하고 있는 백제 최고의 유적지는 의자왕의 최후와 직접적으로 관련된 사근다리가 아닐까 싶다. 왜냐하면 한 나라가 멸망하려면 그 나라를 대표하는 임금이 다른 나라의 장수나 임금에게 항복하거나 죽임을 당하는 일이 있어야만 하는데, 사근다리는 백제 마지막 임금인 의자왕의 최후를 고스란히 간직한 유적이기 때문이다.

부여읍에서 논산 방면으로 4번 국도를 따라가다가 시내의 끄트머리에 해당되는 동문로터리를 약간 못 미친 곳에서 오른쪽 길을 유심히 살펴보면 '백제사은교(百濟謝恩橋)'라고 쓰여진 작은 표지석을 발견할 수 있다. 물도 거의 흐르지 않아서 개울이라고도 하기 어려울 정도로 작은 하수구 같은 것을 건너는 다리가 바로 백제의 최후를 간직하고 있는 사근다리다. 이곳이야말로 백제에 멸망을 안긴 곳이기 때문에 역사적으로나 문화사적으로 매우 중요한 의미를 지니고 있다. 그러나 이 사근다리는 아직까지 한 번도 제대로 조명받지 못했고, 그 흔적조차 사라질 위기에 처해 있다. 그렇다면

이 작은 다리에 무슨 사연이 있기에 백제의 최후를 보여주는 유적
이라고까지 말할 수 있는 것일까?

백제를 멸망시키고 신라까지 집어삼키려는 흑심을 가지고 있던
당나라의 소정방은 거의 무방비 상태로 버려져 있는 금강하구의
요새인 기벌포를 지나 수많은 군대를 이끌고 부여를 향해 진군을
계속한다. 그런데, 부여를 바로 눈앞에 두고 자온대와 낙화암 부근
에 이르자 갑자기 집채만 한 풍랑이 일어나면서 배가 앞으로 나가
지 않는 것이었다. 아무리 애를 써도 배가 앞으로 나가지 않으므로
다급해진 소정방은 주변에 있는 백제 백성들에게 그 원인을 물어
보았으나 한결같이 모른다는 대답뿐이었다.

그러자 소정방의 군대는 부여로 들어가지 못하고 속수무책으로
강 위에 떠 있는 상태가 되었는데, 하루는 병사들이 백제의 하급관
리 하나를 잡아와 그에게 물어보면 어떻겠느냐고 하는 것이었다.
이에 소정방은 그 관리를 협박도 하고, 달래기도 하면서 온갖 감언
이설로 회유해 보았는데, 높은 벼슬을 주겠다는 말에 속아 넘어간
그 관리는 배가 움직이지 않는 이유를 털어놓고 말았다.

그 사람의 말에 의하면 의자왕의 아버지인 무왕은 죽어서도 백
제를 지키겠다는 말을 늘 해왔는데, 세상을 떠난 뒤에는 용으로 변
해서 백마강 속에 산다는 것이었다. 지금 소정방의 배가 움직이지
못하는 것은 바로 백마강의 용이 된 무왕이 그 배를 잡고 있기 때
문이라는 것이었다. 어떻게 하면 배를 움직이게 할 수 있겠느냐고
묻자 그 관리는 "무왕은 생전에 백마를 무척 좋아했기 때문에 흰
말을 미끼로 해서 낚으면 용을 잡을 수 있을 것"이라고 했다. 그래
서 소정방은 큰 낚싯대를 만들고 흰 말을 한 마리 잡아서 그것을
미끼로 하여 고란사 옆에 있는 커다란 바위에 걸터앉아 용이 된 무

왕의 혼백을 낚기 시작했다.

아니나 다를까! 소정방이 낚싯대를 드리운 지 얼마 되지 않아서 커다란 용이 백마에 물려서 끌려 올라오는 것이었다. 미끼에 걸린 것을 안 용은 끌려오지 않으려고 바위를 긁으면서 버텼는데, 이때 용의 발톱이 할퀸 자국이 아직도 바위에 선명하게 남아 있다. 용이 끝까지 버티자 소정방은 젖 먹던 힘까지 써서 용을 끌어올렸다. 그런 다음 소정방은 낚싯대에 끌려 올라온 용을 몇 번 휘두른 다음 동쪽으로 멀리 던져버렸다. 이때 용이 떨어진 곳이 바로 낙화암에서 동쪽으로 수 킬로미터 정도 떨어진 들판이었는데, 용이 떨어진 곳이라고 하여 이곳을 용전(龍田)이라고 부르게 되었다. 또한 소정방이 백마로 용을 낚았다고 하여 이때부터 강 이름을 백마강이라 부르게 되었고, 그가 걸터앉아서 용을 낚은 곳이라고 하여 이 바위를 조룡대(釣龍臺)라고 부르게 되었다. 그러나 조룡대는 제대로 보존되지 못하고 선착장을 지탱하는 밧줄을 묶어놓는 곳 정도로 사용하고 있다. 용이 없어지자 소정방의 배는 즉시 움직일 수 있게 되었으니 사비성으로 쳐들어간 그는 백제의 왕궁을 점령했다.

한편 물이 없는 동쪽 들판인 용전에 떨어진 백제의 호국용은 서서히 몸이 썩어 들어갔는데, 용이 썩는 냄새가 어찌나 심한지 멀리 떨어진 곳에서도 그 냄새를 맡을 수 있을 정도였다고 한다. 용이 썩는 냄새가 코를 찌르게 되자 그 부근에 살던 백성들이 용을 들어서 북쪽으로 던져버렸다. 그런데, 북쪽으로 날아간 용은 공주의 계룡산 밑에 있는 어느 마을에 떨어져서 더 심한 냄새를 풍기며 썩어 들어가기 시작하는 것이었다. 용이 썩어서 구린내가 난다고 하여 이때부터 이곳의 지명은 구리내가 되었다. 썩어가는 용을 보다 못한 그곳 사람들이 용을 들어서 다시 남쪽으로 던졌는데, 이번에는 용전 바로 옆에 있는 사근다리에 떨어지게 되었다. 이곳은 작은 개울이 흐르는 산 아래의 마을이었는데, 이곳에는 맹광이라고 하는 백제에서 가장 신통력이 뛰어난 점쟁이가 살고 있었다. 구리내에서 다시 날아온 용이 왜 하필이면 사근다리에 떨어져서 죽었는지에 대한 의문을 풀어줄 단서는 바로 점쟁이인 맹광이 갖고 있었다.

용을 낚아 올린 뒤에 곧바로 배를 움직일 수 있게 된 소정방은 왕궁으로 들어가서 닥치는 대로 살육을 일삼았는데, 정작 항복을 받아야 할 의자왕은 어디에서도 찾을 수 없었다. 모든 병사를 풀어서 정보를 수집하고 부여 부근을 이 잡듯이 뒤졌으나 하늘로 솟았는지 땅으로 꺼졌는지 의자왕을 잡을 수가 없었다. 이렇게 해서는 의자왕의 행방을 알 수 없겠다고 판단한 소정방은 부여에서 가장 유명한 점쟁이가 누구인지 알아오라는 명령을 내렸다. 이때 지목된 사람이 바로 사근다리 옆에 사는 맹광이었다. 맹광을 잡아온 소정방은 그를 협박했다. "네가 백제 최고의 점쟁이라고 하니 의자왕의 행방을 점칠 수 있을 것이다. 제대로 알아내지 못하면 너를 죽여서 본보기로 삼겠다." 이에 겁을 먹은 맹광은 의자왕이 공주 계룡산 밑에 있는 마을에 피신해 있다는 정보를 토설했고, 이렇게 하여 의자왕은 소정방의 군대에게 잡히고 말았다. 구리내에서 날아온 용이 사근다리에 떨어졌다는 것은 바로 맹광 때문에 잡혀 왔다는 것을 의미한다.

결국 의자왕은 당나라로 끌려가 그곳에서 생을 마감하게 되는데, 민간의 전설에서는 하늘로 올라간 것으로 되어 있다. 사근다리에 떨어진 용은 그곳에서 죽었는데, 그 후에 용은 바로 길 건너에 있는 논실에서 백성들과 함께 실컷 놀다가 논실 바로 서쪽에 있는 거무내에서 검은 용으로 변하여 하늘로 올라갔다고 한다.

나중에 들어온 신라와 함께 백제를 완전히 멸망시킨 소정방은 자신의 나라로 돌아가면서 의자왕과 태자, 그리고 대신들과 백성을 합쳐서 약 1만 2천 명에 이르는 포로를 잡아갔다. 포로를 가득 태운 소정방의 배는 백마강을 따라 다시 서해안으로 나가게 되었는데, 의자왕을 따르는 수많은 백성들이 당나라 군대의 배를 따라가면서 통곡하는 것이었다. 마지막으로 한 번만 임금을 뵙게 해달라고 애원하는 바람에 인정이라고는 눈을 씻고 봐도 찾아볼 수 없는 냉혈인간인 소정방이라 한들 그냥 지나칠 수 없을 지경이었다. 백성들의 원망을 뒤로 하고 서서히 강을 따라 내려가던 소정방은 당나라를 원망한다는 뜻을 가진 원당산(怨唐山, 지금의 부여군 양화면이 있는 곳) 아래에서 배를 멈추었다. 의자왕과 백성들의 마지막 이별 인사를 하도록 허락한 것이었다.

그곳은 야트막한 야산으로 강과 거의 맞닿아 있는 곳으로 서로의 얼굴을 알아볼 수 있고, 목소리를 들을 정도로 물과 가까웠다. 절을 하고 통곡하는 한바탕 소란이 일어난 후에 의자왕을 태운 배는 서서히 멀어져 갔는데, 백성들은 넋을 잃은 채 망연자실 지켜볼 수밖에 없었다. 겨우 정신을 차린 백성들은 왕이 잠시 머문 이곳을 기념하기 위해 그 자리에 정자 하나를 지었으니 그것이 바로 유왕정(留王亭)이다.

이렇게 하여 백제는 비장한 최후를 맞게 되는데, 소정방의 군대가 의자왕과 포로들을 잡아서 당나라로 돌아간 후에 맹광의 집에는 사단이 나게 된다. 왜냐하면 민족을 배신하고 의자왕의 행방을 알려준 맹광을 백제 유민들이 그냥 둘 리가 없기 때문이었다. 몽둥이와 농기구를 들고 맹광의 집을 찾아간 백성들은 그를 잡아다가 그 자리에서 때려죽이고, 나쁜 놈이 살던 곳은 앞으로 다시는 사람이 살지 못하게 해야 한다는 관습에 따라 맹광의 집을 헐어버린 다음 커다란 연못을 파서 그 흔적을 완전히 없애버렸다. 그런 다음 이 연못에 이름을 붙이기를 '맹광이방죽'이라고 하였다. (이 '맹광이방죽'은 불과 얼마 전까지만 해도 맑고 찬물이 솟아나는 조그만 연못이었으나 도시 개발이 진행되면서 부근은 아파트 단지로 바뀌었고, 원래의 방죽 자리는 세차장이 들어선 상태다.)

사근다리 자체는 비록 볼품이 없는 조그만 다리에 불과하고, 맑은 물이 나오던 '맹광이방죽' 역시 지금은 사라지고 없지만 백제 멸망의 아픔을 전설로 승화시켜 간직하고 있는 곳이므로 절대로 소홀히 해서는 안 될 것이다. 비록 오랜 세월이 지나기는 했지만 아직도 우리 곁에 남아 있는 백제 멸망의 흔적들을 통해 그때의 한을 마음속에 새김과 동시에 미래를 위한 반면교사로 삼을 수 있도록 해야 한다. 그러기 위해서는 과거의 역사를 재현할 수 있는 유적을 복원하는 것이 마땅하다.

그러나 이러한 복원작업은 비단 사근다리 하나에만 국한되어서는 안 될 것이다. 의자왕의 마지막 행적과 관련된 유적인 조룡대, 용전, 구리내, 사근다리, 논실, 거무내, 맹광이방죽, 원당산, 유왕정 등은 과거의 역사를 제대로 보여줄 수 있는 상태로 복원해야 한다. 사근다리를 중심으로 하는 백제 유적지들을 복원한다면 지금까지 피상적으로만 인식되어 왔던 백제 멸망의 현장을 더욱 생생히 느끼게 해줄 뿐만 아니라 훌륭한 문화산업으로 삼을 수 있다. 문화유적을 복원하고 보존해 엄청난 가치를 지니는 문화콘텐츠로 살려내는 일은 우리에게 주어진 과제임에 틀림없다.

축제로 부활한 주천의 쌍섶다리

백두대간의 중심을 이루는 오대산과 태백산의 서쪽에 위치한 강원도 영서 지역은 험준한 산맥과 깊은 골짜기로 인해 수없이 많은 물줄기가 형성되어 내를 이루고, 그것이 다시 모여 강을 이루니, 그것이 바로 서울의 젖줄인 남한강이다. 남한강을 이루는 물줄기는 크게 보아 두 갈래인데, 강원도 태백시 창죽동 금대봉 아래에 있는 검룡소에서 발원하여 구절리, 여량, 정선을 거치면서 조양강이 되었다가 영월 지역에 들어서면서 동강으로 불리는 것이 하나고, 다른 하나는 오대산 남쪽에서 발원하여 속사천을 이루어 남서로 흐르다가 봉평면에서 흥정천과 합류하여 평창강을 이루었다가 영월군 서면에서 주천강과 다시 합쳐 큰 물줄기를 이루는 서강이 그것이다.

동강과 서강은 영월에서 합류하여 단양을 거쳐 충주호로 흘러들면서 남한강의 본류를 이루게 되는데, 산에 부딪혀 헤아릴 수 없을 정도로 수많은 굴곡을 이루는 강줄기는 그야말로 장관을 이룬다. 이러한 강줄기를 따라 형성된 수많은 골짜기마다 마을이 형성되어 있는 것 역시 이 지역의 빼놓을 수 없는 특징 중의 하나라고 할 수 있다. 강줄기를 낀 골짜기마다 마을이 있기 때문에 마을과 마을을 오가기 위해서는 반드시 강을 건너야만 했는데, 봄이나 여름에는 물속을 걸어서 건너도 되지만 추수가 끝나고 찬바람이 부는 늦가을과 겨울에는 신발을 벗고 강을 건너는 일이 보통 문제가 아니었다. 그런 이유로 강원도의 영서 지역에는 오래전부터 늦가을이면 다리를 만들어 사용해 왔는데, 겨우 사람이 건널 정도의 좁은 이 다리는 나무와 소나무 섶을 이용해 제작하기 때문에 섶다리(薪橋)

추운 겨울에 강을 건너기 위해 놓았던 주천의 쌍섶다리. 이 다리는 겨울철만 이용하는 다리였다.

라고 부른다. 호남이나 영남 지방처럼 평야가 많고 사람의 왕래가 많은 곳에서는 비교적 작은 규모의 강에는 돌다리를 놓아서 사람들이 건너도록 했지만 강원도 지역은 사는 사람이 많지 않은데다 왕래도 빈번하지 않기 때문에 엄청난 인력과 물자를 조달해야 하는 돌다리를 놓기는 무리였다. 그래서 장마철이 되면 물에 휩쓸려 떠내려가 버리지만 추운 날씨에 강을 건너려고 이런 다리를 놓았던 것이다. 따라서 강원도 영서 지역인 평창, 영월, 정선 등의 산골 지역에는 나무로 만든 섶다리가 곳곳에 놓여 있었다. 그러나 지금은 문명이 발달하여 철근과 시멘트로 만든 튼튼한 다리를 얼마든지 놓을 수 있기 때문에 섶다리는 대부분 사라진 상태다.

이러한 특징을 가지는 강원도 영서 지역의 섶다리 중에는 특별한 사연을 간직한 것이 있는데, 그것은 다름 아닌 단종왕릉인 장릉(莊陵)과 관련 있는 주천강의 쌍섶다리다. 단종은 조선 제6대 임금으로 부왕인 문종이 일찍 승하하자 12살의 어린 나이로 1452년에 왕위에 올랐다. 그러나 김종서를 비롯한 여러 대신들을 죽이고 실권을 잡은 숙부인 수양대군에게 핍박당하여 1455년에 왕위를 내어주고 상왕으로 물러나게 되었다. 이에 세종과 문종에게 특별한 은혜를 받았던 유응부, 성삼문, 박팽년 등의 사육신이 주동이 되어 1456년 6월에 단종 복위 사건을 일으켰고, 이듬해인 1457년 6월에 단종은 노산군으로 강등됨과 동시에 강원도 첩첩산중에 있는 영월의 청령포로 유배를 가게 된다.

어린 나이에 부인인 정순왕후와 애끓는 이별을 하고 유배 가는 여정은 험하고도 먼 길이었는데, 원주를 지나 신림에서 산길로 접어든 단종은 주천강을 건너면서부터 유배 가는 설움을 실감하게 된다. 주천강을 건너 처음 만나는 고개가 너무나 가파른 나머지 힘이 들었던 단종은 옆에 있던 금부도사에게 "이 고개는 무엇이라고 하느냐"고 물었다. 금부도사가 "임금께서 오르셨으니 군등치(君登峙)라고 하지요"라고 해서 이 고개 이름이 군등치가 되었다고 한다. 그 길을 재촉하여 영월로 향하던 단종은 어느 마을 앞을 지나게 되었는데, 타고 가던 말이 구슬프게 우는 것이었다. 그래서 이때부터 그 마을 이름은 명라곡이 되었다. 마을을 지나 길을 재촉한 단종 일행은 다시 언덕을 올라갔는데, 이번에는 말방울이 떨어져서 이곳을 방울재라 하게 되었고, 그곳을 지나자 다시 깎아지른 듯이 높은 고개가 앞을 가로막았다. 그 고개에 올라가니 흐리던 날씨가 개고 마침 서쪽 산 너머로 지는 해가 불타는 것처럼 빨간색을 띠고 있는 것이 보였다. 이를 본 단종은 넘어가는 해를 향하여 큰 절을 올리니 옆에서 보는 사람들이 모두 눈시울을 적셨다. 그래서 이 고개는 배일치(拜日峙)가 되었다.

　수많은 사연을 남기면서 도착한 영월의 청령포는 참으로 기가 막힌 곳이었으니 동·서·북의 삼면은 깊고 푸른 강물로 둘러싸여 있고, 남쪽은 험준한 절벽이 가로막고 있으니 어느 곳으로도 나갈 수 없는 곳이었다. 이처럼 첩첩산중에 유배를 보내놓고도 세조와 그 부하들은 마음을 놓을 수 없었는데, 그해 9월에 경상도 순흥에서 금성대군이 다시 단종 복위를 꾀하다가 발각되는 사건이 일어나자 다시 서인으로 강등되었다가 추위가 닥쳐오는 10월에 17살의 어린 나이로 죽임을 당하고 만다.

　단종의 죽음에 대해서는 어떤 문헌에도 정확하게 기록되어 있지 않기 때문에 자살했는지, 아니면 사약을 마시고 죽었는지 확실하지 않다. 다만 수많은 사람들을 죽인 세조는 조카인 단종을 얼마나 증오했던지 죽은 후에도 강가에 버려진 시신을 상당 기간 동안 치우지 못하게 했을 뿐만 아니라 시신을 치우는 사람은 삼족을 멸한다는 엄명까지 내렸다고 한다. 그러니 어느 누구도 단종의 시신에 손을 댈 엄두조차 내지 못하고 있었는데, 호랑이보다 더 무서운 세조의 명을 어기고 단종의 시신을 안장한 충신이 있었으니 그가 바로 영월에 사는 중인 출신의 엄흥도였다. 그는 오늘날로 보면 호적을 관리하는 지방공무원에 해당되는 영월의 호장이었는데, 세 아들과 함께 단종의 시신을 거두어 지금의 장릉 자리에 안장하고 호남으로 내려가 숨어 살았다고 한다. 세월이 지나 단종이 복위되면서 엄흥도의 충절이 알려짐과 동시에 자손이 등용되었고, 나중에는 공조참판으로 추증되면서 영월 엄씨의 시조가 되기까지 한다.

　이처럼 애틋한 사연을 가지고 있는 단종의 죽음과 무덤은 오랫동안 역사 속에 묻혀 있다가 선조 때에 와서야 김성일과 정철 등의 주청으로 묘역을 단장하고 표석을 세워서 단종의 묘소임을 표시하기에 이른다. 그러다가 숙종 7년인 1681년에 대군으로 추봉하였고, 1699년 3월 1일이 되어서야 묘역 단장 공사를 하고 묘호를 단종이라 하고, 종묘에 모심과 동시에 왕으로 봉하여 그 무덤을 장릉이라고 하였으니, 단종이 세상을 떠난 지 약 240여 년이 흐른 뒤의 일이다. 그러나 첫 번째 묘역 단장은 부실공사가 되어서 그해 6월에 봉분이 갈라지는 참사가 일어나서 여러 사람이 관직에서 쫓겨나는 난리가 난 다음에 7월 23일에 비로소 개수공사를 마무리하게 되었다.

비록 수백 년의 시간이 걸렸지만 일단 왕릉으로 격상되면서부터는 장릉에 대한 예우가 완전히 달라졌다. 숙종의 명에 따라 이때부터 강원도관찰사로 부임하는 사람은 반드시 장릉에 참배를 해야 했다. 이러한 명령에 따라 이듬해인 1699년 3월에 새로 부임한 강원도관찰사는 부임지로 가지 않고 우선 영월로 가서 장릉에 참배하려 하였는데, 이때 관찰사가 행차했던 길도 옛날에 단종이 거쳐 갔던 귀양길과 같은 경로였다. 원주를 지나 신림을 넘어서 주천으로 들어선 관찰사 일행은 그리 크지는 않지만 그냥 건너기에는 곤란할 정도로 물이 흐르는 강을 하나 만나게 되었는데, 이것이 바로 주천강이었다. 초봄이라 아직 날씨도 쌀쌀한데다 눈 녹은 물이 무척이나 차가웠기 때문에 신발을 벗고 강을 건널 수는 없는 노릇이었다. 이에 단종의 애틋한 사연을 늘 가슴에 담고 살았던 인근 마을의 백성들이 관찰사 일행이 무사히 물을 건너서 장릉 참배를 할 수 있도록 임시 다리를 놓기로 의견을 모았다. 이에 주천리와 신일리 마을 백성들이 모두 동원되어 다리를 놓기 시작했는데, 네 사람이 메는 사인교가 건너기 위해서는 두 개의 다리를 놓아야 한다는 쪽으로 의견이 모아졌다. 그래서 신일리 사람들은 주천리 쪽으로 다리를 놓았고, 주천리 사람들은 신일리 쪽으로 다리를 놓아서 관찰사가 무사히 건널 수 있도록 하였으니, 이것이 바로 주천의 쌍섶다리가 된 것이다.

이처럼 강을 건너는 수단으로 이용되었던 섶다리는 돌이나 금속을 전혀 쓰지 않고 나무와 소나무 섶으로만 만드는 것이지만, 소와 함께 건너도 무너지지 않을 만큼 튼튼하다. 원래 섶다리는 추수가 끝나고 겨울이 시작되기 직전인 음력 10월 말에 마을 사람들이 함께 모여서 만든 다음 겨우내 통행 수단으로 이용하다가 장마가 시작되기 전에 거두어들이거나 홍수가 지면 물에 떠내려가는 다리다.

이 다리를 만드는 재료와 방법은 지극히 단순하다. 우선 평평한 돌을 골라 양쪽 강둑에 쌓아서 다리의 받침돌로 삼는데 이것을 '선창 놓기'라고 한다. 이런 기초 공사가 끝나면 본격적으로 다리를 놓기 시작하는데, 먼저 물에 잘 견디는 성질을 지니고 있는 버드나무나 물푸레나무 중에서 Y자 모양의 튼튼한 나무를 골라서 강물 속에 거꾸로 박는다. 그 다음으로 다릿발에 맞는 홈을 뚫어놓은 소나무와 참나무로 된 통나무를 양쪽 다릿발 머리에 끼우고 나무로 된 쐐기를 박아서 단단히 고정시킨다. 이 나무를 '어미기'라고 한다. 그것이 완성되면 그 위에 '널래'라고 부르는 긴 통나무를 얹어놓은 다음 칡덩굴 같은 것으로 엮어서 움직이지 않도록 고정한다. 이 정도가 되면 다리의 골격이 거의 완성된 셈인데, 그 위에 솔잎이 달린 생소나무 섶가지를 가져다가 다리의 상판으로 만들어서 덮은 다음 맨 위에는 황토 흙을 깔아서 사람이 건널 수 있게 한다. 못 같은 금속물질이나 돌을 전혀 쓰지 않고 나무와 소나무 섶만으로 만들었기 때문에 얼핏 보기에 상당히 위험해 보이지만 나무와 나무가 절묘하게 맞물려서 서로 힘을 받고 있기 때문에 웬만한 무게에는 끄떡도 하지 않는 견고함을 자랑한다.

일손이 부족한 농촌 마을에서는 이 섶다리를 해마다 놓는 것이 대단히 큰일이었으니 집집마다 다리의 교각과 기둥으로 쓸 나무를 할당해 재료를 만들었다고 한다. 물이 불어나는 여름에는 섶다리가 떠내려가기 때문에 줄을 잡고 건너는 줄배를 이용하지만 가을부터 봄까지는 이 섶다리가 중요한 교통수단이었던 것이다.

섶다리의 또 다른 특징은 사람이 다리 위에 올라가서 걸어갈 때면 약간 어지러울 정도로 출렁거린다는 점이다. 나무와 소나무 섶이 가진 탄력 때문에 출렁거리는 것인데, 이것이 오히려 다리의 견고성을 높여주는 요소로 작용한다. 나무 자체가 지니고 있는 탄력성에다 나무와 나무가 얽어지면서 생기는 탄력성이 더해지기 때문에 흔들리기는 하지만 무너지거나 부러지지 않는 다리가 되는 것이다. 다리의 폭이 좁은데다 사람이 건널 때마다 출렁거리기 때문에 술을 먹고 섶다리를 건너다가 떨어지기도 하고, 다리를 건너는 소가 물에 빠지는 경우도 있었다고 한다.

주천강의 '쌍섶다리 놓기'는 관찰사 일행을 위해 시작된 것이기는 하지만 그 일이 끝난 뒤에도 계속해서 연중행사처럼 행해져 왔는데, 구비문학의 하나인 민요 중에 「쌍다리노래」라는 것이 전승되어 온 것을 보면 그 사실을 확인할 수 있다. 「쌍다리노래」는 일할 때 부르는 여느 노동요와 같이 메기고 받는 선후창(先後唱)의 방식으로 부르는 노래다. 내용은 단종대왕의 행차를 위해 다리를 놓자고 권유하는 것에서 시작하여, 노동요에 일반적으로 나타나는 구조인 성적인 내용과 노동이 교묘하게 결합된 것으로 되어 있다. 그러므로 이 노래는 비극적으로 생을 마감한 단종을 위하는 지역

주민의 애틋한 마음과 함께 종족 보존을 위한 성적인 본능을 중심
으로 한다는 점에서 노동요의 전형적인 모습을 보여주고 있다. 노
래의 일부를 보면 다음과 같다.

에헤라 쌍다리요

에헤라 쌍다리요

다리 놓으러 어서 오게 다리 놓으러 바삐 오게

에헤라 쌍다리요

다리 놓으러 모두 가세 다리를 놓으러 같이 가세

에헤라 쌍다리요

장릉 알현 귀한 길의 강원감사 그 행차가

에헤라 쌍다리요

편안히 건너도록 감사다리 놓아주세

에헤라 쌍다리요

무사하게 건너도록 쌍다리 놓아주게

에헤라 쌍다리요

나무꾼은 나무 베고 장정은 다리 놓고

에헤라 쌍다리요

아낙네는 음식 날러 모두 나와 다리 놓세

에헤라 쌍다리요 마을다리는 외다리요

감사다리는 쌍다리라

에헤라 쌍다리요

다리발도 두 다리요 님의 다리도 두 다리니

에헤라 쌍다리요

님의 다리 두 다리요 내 다리도 두 다리니

─『한국구비문학대계: 강원도 영월군 편』

힘들고 지루한 노동을 하면서 부르기 때문에 꽤 긴 노래지만 여기서는 일부만을 소개하였다. 민요는 그것을 만들고 부르는 사람들에 의해 삶 속에서 자연발생적으로 불려지는 것이기 때문에 민중의 소박하고 꾸밈없는 정서가 그대로 드러나는 것이 특징이다. 「쌍다리노래」 역시 당시 백성들의 생활 정서가 꾸밈없이 반영되고 있음을 알 수 있다.

이러한 전통과 역사성을 지니고 있는 섶다리는 현대로 오면서 크고 튼튼한 콘크리트 다리에 밀려 제구실을 하지 못하자 점차 사라졌고, 관찰사 일행을 위해 주천강에 쌍섶다리를 놓았던 전통도 사라지게 되었다. 그러다가 이곳 주민들이 쌍섶다리 놓기를 민속놀이로 재현하여 1985년에 개최된 제3회 강원도민속예술경연대회에 출전하여 우수상을 받았는데, 2003년부터는 지역주민들이 힘을 모아 현장에 쌍섶다리놓기를 재현하여 관광자원화함과 동시에 지역축제로 발전시켜 이 고장의 명물로 자리매김했다. 다리를 놓는 시기는 대략 11월 20일부터 사흘 동안이고 다리를 다시 거두어들이는 시기는 5월 중순으로 장마가 시작되기 전이다. 다리를 물에 떠내려 보내지 않고 다시 거두어들이는 것은 재료를 구하는 것이 어렵기 때문이다. 예전처럼 산에 있는 나무를 함부로 벨 수 없기 때문에 한번 쓴 것을 거두어들였다가 이듬해에 다시 놓는 방식으로 하는 것이다.

쌍섶다리 놓기가 이 고장 축제로 거듭나면서 섶다리와 관련된 여러 행사들이 벌어지는데, 네 사람이 메는 사인교를 탄 관찰사 일행의 다리 건너기, 한우를 끌고 물 건너기, 오줌을 싼 아이가 키를 쓰고 소금을 꾸러가는 모습 재현하기, 괴나리봇짐을 멘 김삿갓이 다리 건너기, 산타클로스 행렬로 꾸미고 다리 건너기, 섶다리를 건너는 쥐 모양 흉내내기 등의 이벤트도 함께 치러지고 있다.

사라져가는 옛 풍속이 중요한 문화콘텐츠로 되살아나고 있는 주천의 쌍섶다리를 탐방해본다면, 전통문화의 중요성을 되새기는 계기가 될 것이다.

우주의 모양을 본뜬 진천의 농다리

'살았을 때는 진천에 살 것이요, 죽어서는 용인에 묻힐 것' 이라는 뜻을 가진 '생거진천 사거용인(生居鎭川 死居龍仁)' 이라는 말은 우리 모두가 잘 알고 있는 속담이다. 이 구절에서 알 수 있듯이 충청북도 진천은 사람이 살기에 매우 적합한 지역으로 옛날부터 이름이 높았던 곳이다. 우리나라 사람들이 진천을 가장 살기 좋은 곳으로 꼽았던 이유는 산이 그리 높지 않아서 사람의 기가 눌리지 않고, 강이 너무 크지 않아서 물의 기운에 침노당하지 않는데다가 산과 물이 조화를 이루어서 가뭄과 홍수가 없으며, 평야가 넓고 땅이 비옥하여 흉년 걱정이 없는 지역이기 때문이다.

한반도의 중부 내륙에 위치하고 있는 까닭에 진천은 삼국시대

때 고구려, 백제, 신라의 각축장이 되기도 했다. 백제와 고구려를 멸망시키는 데 큰 공을 세운 김유신이 이곳 출신이며, 고려시대에 몽고가 침략해 올 때 종의 신분으로 사람들과 힘을 모아서 몽고군을 물리친 임연도 진천군 문백면 구곡리 출신이다. 이밖에도 진천에는 조선시대 가사문학의 최고봉이라 일컬어지는 송강 정철의 사당과 묘소가 있으며, 현존하는 것으로는 가장 오래된 돌다리인 농다리 같은 유적이 있어서 명실상부한 문화의 고장이다. 이런 진천군의 문화유적 중에서 유난히 눈길을 끄는 것은 바로 농다리인데, 특수한 축조법을 사용한 것 같지 않은 다리인데도 천년을 넘게 건재한 모습을 보이고 있기 때문이다.

농다리는 한자로는 '농교(籠橋)'라고도 하고, 우리말로는 '지네다리'라고 하며, 비가 오면 물이 넘치기 때문에 '수월교(水越橋)'라고도 하는데, 충청북도 진천군 문백면 구곡리 앞을 흐르는 세금천과 가리천이 합류하는 지점에 있는 돌다리다. 이 다리가 축조된 시기에 대해서는 특별한 기록이 없어서 정확한 연대 추정은 불가능하지만, 이 지역에 전해 오는 이야기와 20세기의 기록에 의하면 고려 초기나 중기에 만들어진 것으로 추정된다. 혹자는 삼국시대에 신라 측에서 만든 것이라고도 하나 근거가 될 만한 자료가 거의 없는 상태다. 구곡리 지역의 전설은 두 가지가 있는데, 그것들을 먼저 살펴보면 다음과 같다.

첫 번째 것은 임 장군과 어떤 부인에 대한 사연인데, 고려 때 이야기다. 고려 고종 때의 사람으로 구곡리에 살았던 임 장군은 매일 아침 일찍 일어나서 마을 앞에 있는 세금천으로 나가 찬물에 세수하는 버릇이 있었다. 어느 몹시 추운 겨울날이었는데, 임 장군은 평소처럼 냇가에서 세수하려고 했다. 그런데, 우연히 건너편을 보

충청북도 진천군 문백면 구곡리의 농다리. 이 다리의 교각 개수는 28개인데 이는 우주의 방위를 가리키는 28수에 상응한다.

니 젊고 아름다운 부인이 통곡하면서 세금천을 건너려 하는데 다리가 없어서 머뭇거리고 있는 것이 보였다. 이상하게 생각한 임 장군이 큰 소리로 여인에게 "부인께서는 무슨 일 때문에 물을 건너려 하시며, 왜 통곡하십니까?"라고 물었다. 그러자 그 여인은 "아버지가 돌아가셨다는 말을 듣고 친정에 가는 길인데, 다리가 없어서 물을 건너지 못하고 있습니다"고 하는 것이었다. 이 말을 들은 임 장군은 여인의 지극한 효심과 찬물에 발을 담가야 하는 그녀의 사정이 너무나 딱하게 여겨져서 "부인은 잠깐만 기다리시오. 내가 다리를 놔 드리리다"고 한 뒤 용마를 타고 돌을 실어 잠깐 사이에 사람이 건널 수 있는 돌다리를 놓았다. 이렇게 하여 부친상을 당한 부인은 무사히 강을 건넜고, 그때 임 장군이 놓은 다리가 지금까지 전해오는 농다리라고 한다.

두 번째 이야기는 전국적으로 분포하는 '오누이 힘내기' 설화다. "옛날 굴티마을(구곡리)에 사는 임씨 집안에는 홀어머니가 살았는데, 아들과 딸 남매를 키우고 있었다. 둘 다 힘이 장사여서 서로 지기를 싫어하였다. 두 남매는 서로 힘자랑을 하다가 급기야는 죽고 사는 내기를 하기에 이르렀다. 아들은 임연이라고 하는데, 나무께라고 하는 굽이 아주 높은 나막신을 신고 송아지를 끌고 서울에 갔다오기로 하고, 딸은 마을 앞에 시내를 건너는 돌다리를 놓기로 하였다. 아들이 송아지를 끌고 서울에 간 사이 딸은 치마로 돌을 날라 열심히 다리를 놓고 있었다. 남매의 어머니가 보니 딸의 힘이 어찌나 센지 벌써 교각을 거의 다 만들었고, 상판만 얹으면 끝날 정도로 일이 진척되어 있었다.

그러나 서울로 간 아들은 돌아올 기미를 보이지 않고 있는 것이었다. 그냥 두었다가는 금쪽같은 아들을 죽이겠다고 생각한 어머니는 한 가지 묘책을 냈다. 팥죽은 딸이 가장 좋아하는 음식이었는데, 이것을 잘 알고 있는 어머니는 큰 그릇에다 뜨거운 팥죽을 가득 쒀서 딸에게 갖다주면서 "네 오라비는 아직 올 기미도 보이지 않으니 이 팥죽이라도 먹으면서 좀 쉬었다 하여라"고 했다. 자신이 가장 좋아하는 팥죽을 본 딸은 다리 놓던 일을 잠시 멈추고 그것을 먹기 시작했다. 팥죽이 얼마나 뜨거웠던지 빨리 먹을 수가 없었는데, 그것을 입으로 불면서 식혀서 먹는 사이에 송아지를 끌고 서울로 갔던 아들이 집으로 돌아온 것이었다.

어머니에게 속은 것을 안 딸은 화가 나서 치마에 싸고 있던 돌을 내리쳤는데, 아직도 그 돌이 박혀 있다고 한다. 약속한 대로 딸은 죽임을 당했는데, 딸이 마무리를 하지 못한 돌다리의 두세 칸은 마을 사람들이 놓았다. 여름이 되어 비가 많이 올라치면 딸이 놓은 다리는 떠내려가지 않는데, 마을 사람들이 놓은 다리는 늘 떠내려 간다고 한다. 이 다리를 농다리라고 했는데, 이 다리 너머 살고개에는 장수 발자국과 말 발자국이 아직도 남아 있다.

두 이야기는 모두 농다리 부근 지방에서 전해지는 다리의 유래를 설명하는 전설이다. 전설의 중요한 특징은 증거물이 있어야 하고, 증거물의 유래를 설명하는 이야기가 있어야 하는데, 농다리 전설이 바로 이런 조건을 갖추고 있다. 이 전설에서 공통적인 것은 임씨 성을 가진 장군인데, 이것은 위에서 살펴본 고려 때의 장군인 임연이라는 인물과 관련되어 있음을 알 수 있다.

농다리의 유래나 축조 연대를 어느 정도 짐작하게 해주는 것이 문헌기록인데 아주 오래된 것은 없고, 19세기와 20세기에 만들어진 자료에만 그 내용이 수록되어 있다. 농다리에 관한 자료가 들어 있는 문헌은 『상산지(常山誌)』와 『조선환여승람(朝鮮寰輿勝覽)』이다. 『상산지』는 이해용이 편찬한 것인데, 연활자본으로 되어 있으며 2권 1책으로 1932년에 발간된 것이다. 서문을 쓴 연도가 1825년으로 되어 있는 점으로 보아 『상산지』는 19세기에 만들어진 것으로 볼 수 있다. 또한 『조선환여승람』은 진천에 있는 이병연이 1937년에 편찬한 것이다. 『조선환여승람』에 기록된 내용과 『상산지』에 기록된 내용은 거의 흡사하므로 『상산지』의 내용을 가지고 살펴보도록 한다.

"농교는 진천부의 남쪽 십 리 되는 지점에 있는 세금천과 가리천이 합류하는 굴티 마을 앞에 있다. 지금으로부터 약 900여 년 전 고려조 초엽에 상산 임씨의 선조로 알려진 임 장군이라는 사람이 음양을 배합하여 자줏빛 나는 돌을 사용하여 하늘의 28수에 상응하도록 28칸의 수문을 놓고 수문과 수문 사이에 돌 하나씩을 얹어서 연결시켰는데, 그 모양이 마치 활이 뻗쳐 있는 것과 같았다. 허공에 벌려져 있는 다리의 구조는 상당히 허술해서 장마가 져 홍수가 나면 물이 다리 위로 흘러서 거의 몇 길에 이르렀고, 성난 파도와 노한 물결이 그 사이에서 소리를 냈다. 그렇지만 일찍이 한 개의 돌도 유실되지 않았는데, 세월이 많이 흘러서 4칸이 매몰되어 사라지고 지금은 24칸만 남아 있다. 다리 놓은 것을 보면 돌을 어지럽게 쌓아서 얼기설기 얽어놓은 것에 불과한데, 험난한 세월을 천년이나 지탱해왔으니 세상에서 신기하고 이상한 다리라고 할 만하다.”

『상산지』의 기록에는 다리의 교각 숫자가 28개로 되어 있는데, 그것은 우주의 방위를 가리키는 28수에 상응하는 것이다. 28수는 별자리의 이름인데, 하늘의 적도를 따라 남북에 있는 별들을 28개의 구역으로 구분한 것이다. 해당구역에는 여러 개의 별자리가 있는데 그중 대표적인 것들을 그 구역에 있는 수(宿)라고 하였다. 28수는 7개씩을 묶어서 4개의 7사(舍)로 구별하여 동서남북을 상징하도록 하였는데, 동에는 각항저방심미기(角亢氐房心尾箕), 북에는 두우여허위실벽(斗牛女虛危室壁), 서에는 규루위묘필자삼(奎婁胃昴畢觜參), 남에는 정귀유성장익진(井鬼柳星張翼軫)을 두었다. 28수의 유래는 분명하지 않은데, 아마도 달이 미치는 영향이 너무 크기 때문에 달의 운동과 관계된 것은 아닐까 추측하기도 한다. 어쨌든 28수는 우주의 원리를 잘 보여주는 것으로 인식되어서 이것을 모두 순서대로 외웠다가 역으로 다시 외우기를 여러 번 하면 귀신도 물리칠 수 있다는 속설이 존재할 정도다.

농다리의 교각 숫자가 바로 28개였다고 하니, 이것은 우주에 있는 별자리 전체를 가져다가 하늘의 물을 건넌다는 것을 의미한다고 볼 수 있으니, 매우 특이하다고 할 수 있다. 더구나 다리에 쓰인 돌과 돌의 결합 방식이 어설픈 것 같아도 음양의 조화를 이루도록 했으니 이것 역시 우주만물의 원리를 그대로 적용한 것임에 틀림 없다. 음양의 결합 원리와 우주의 존재 원리로 다리를 만들어서 물을 건너게 했으니 농다리는 하늘다리라고 하지 않을 수 없는 것이다.

이러한 유래를 가지고 있는 농다리는 우리가 주변에서 일반적으로 볼 수 있는 무지개 형태의 홍교와는 전혀 다른 재료와 모양을 가지고 있어서 눈길을 끈다. 사람과 물자가 통행할 것을 목적으로 놓은 다리인 홍교는 튼튼한 재질의 화강암을 잘 깎아서 무지개 형태인 홍예를 만들어 엄청난 무게를 견딜 수 있도록 하였다. 반면에 사람만 건널 수 있는 형태로 만들어진 농다리는 그런 모양과는 거리가 멀며 재료가 되는 돌 또한 화강암도 아니다.

농다리의 전체 길이는 93.6m고, 교각의 너비는 3.6m며, 교각의 높이는 1.2m, 교각과 교각의 사이는 큰 걸음 폭인 80cm 정도다. 교각과 교각 사이에 걸쳐놓은 상판석은 길이 170cm, 너비 80cm, 두께 20cm 정도의 장대석(長臺石) 1개를 사용하기도 하고, 또 어떤 것은 길이 130cm, 너비 60cm, 두께 16cm의 장대석 2개를 쓰기도 했다.

교각으로 쓴 돌의 재료는 주변에서 나는 것을 사용했는데, 불그스름한 색을 띠고 있는 사력암질의 자연석을 가져다가 전혀 가공하지 않은 상태에서 마치 물고기 비늘처럼 서로 맞물리게 쌓아놓았다. 돌과 돌을 맞물리게 쌓은 교각에는 그것을 고정시키는 석회암 같은 접착제를 전혀 사용하지 않았지만 무너지거나 떠내려가지 않도록 되어 있으니 신기할 뿐이다. 교각석의 이러한 모양을 보고

『상산지』에서는 음양의 원리를 좇아서 쌓은 것이라고 설명한다. 이 다리 이름을 농교 혹은 농다리라고 한 이유가 바로 여기에 있다는 주장도 있다. 즉, 농(籠)은 얇게 깎은 대나무를 서로 맞물리도록 얽어 짜서 만든 대바구니를 뜻하는데, 탄력과 견고함이 다른 어떤 기구보다 월등하기 때문에 자연석을 서로 얽어 짠 이 다리의 기술이 바로 대바구니를 짜는 기술과 흡사하기 때문이라는 것이다.

농다리가 가지고 있는 또 한 가지 신기한 특징은 돌로만 만들어진 다리인데도 다리의 중심부가 하류 쪽으로 휘어져 있는 모양을 하고 있으며, 물을 맞이하는 상류 쪽의 교각이 둥근 타원형 모양을 하고 있는 점이다. 다리의 중앙이 하류 쪽으로 휘어져 있는 것은 물의 힘을 적절히 배분하여 다리를 지탱하도록 하기 위한 것으로 보이고, 유선형 모양으로 교각을 만든 것은 물을 견뎌내는 힘을 최대화하기 위한 것이다.

이러한 농다리가 언제 누구에 의해 만들어졌는지에 대해서는 의견이 분분한데, 정확한 기록이 없어서 그것을 명확하게 밝히는 일은 어려울 것으로 보인다. 다만 이 지역에 내려오는 전설과 드물게 남아 있는 문헌기록 등으로 볼 때 이 다리를 축조한 시기와 사람은 신라 말과 고려 초에 진천 지방의 호족으로 이 지역을 지배하면서 중앙 정계까지 진출했던 상산 임씨 일족과 밀접한 관련을 가지고 있는 것은 분명하다. 상산 임씨의 비조인 임희의 숭모비문에 의하면, 그는 뛰어난 용맹과 지략으로 신라 말기에 진천 일대를 지배하던 대호족으로 고려의 개국공신이자 고려의 군권을 가진 병부령의 자리에 올랐던 인물이었다. 고려 태조는 지방의 여러 호족들과 왕실의 혼인을 통해 나라를 굳건히 하는 전략을 구사하였는데, 922년에는 임희의 딸을 태자비로 삼았다. 나중에 태자가 혜종이 되자

의화왕후가 되었는데, 의화왕후의 딸은 다시 고려 4대 임금인 광종의 왕비가 되었다고 하니 고려시대에 임씨 집안이 누린 영광은 매우 컸다고 할 수 있다.

그런 이유로 임씨 문중에서는 농다리를 처음으로 만든 사람을 다름 아닌 임희로 보고 있다. 임희에서 시작된 상산 임씨 가문은 구곡리를 근거지로 하여 후대로 오면서 더욱 번성했는데, 고려 중기인 고종 때의 인물인 임연에 의해 한층 빛을 발하게 된다. 임연은 처음에는 대장군인 송언상의 문하에 있다가 다시 고향인 진천으로 내려왔는데, 평민 출신이기는 했지만 백성들과 함께 힘을 모아 몽고의 침략을 물리친 공을 인정받아 출세의 길을 걸은 인물이다. 중앙정계에 진출한 임연은 나중에는 무신정권의 최고 책임자인 최의를 죽이고 정권을 왕실에 복귀토록 한 공을 인정받아 위사공신(衛社功臣)의 호를 받고 추밀원부사가 되기도 했다. 그런 그가 선조인 임희가 놓았던 다리를 다시 개축하여 지금과 같은 튼튼한 돌다리로 만들었다는 것이다.

굴티마을이라고 부르는 구곡리가 바로 상산 임씨가 시작된 곳이며, 오래된 집성촌인 점을 생각하면 농다리와 임씨 가문의 관련성은 의심의 여지가 없을 정도인데, 임희가 농다리를 놓고 임연이 개축했다는 구체적인 기록은 남아 있지 않아서 의문은 여전히 남는다. 다만 이 지역에서 오랫동안 세력을 떨친 임씨 가문에서 물 건너편의 농장을 관리하기 위해 이런 다리를 놓았을 가능성은 얼마든지 있다. 이처럼 농다리가 축조된 연대와 만든 사람은 정확하게 알 수 없지만 오랜 세월 동안 유실되지 않고 남아 있다는 점을 감안하면 그 중요성을 충분히 인정할 수 있을 것이다.